ROSEGGER · DIE ENTDECKUNG VON AMERIKA

PETER ROSEGGER

Die Entdeckung von Amerika

und andere Erzählungen in steirischer Mundart

LEYKAM

PÄDAGOGISCHER VERLAG

GRAZ-WIEN

Aus den Originalausgaben der im Leykam-Verlag erschienenen Bände „Zither und Hackbrett“, „Tannenharz und Fichtennadeln“ und „Stoansteirisch“ ausgewählt.

Umschlagentwurf: Prof. Gernot Jüttner

Druck: LEYKAM AG, Graz

ISBN 3-7011-1152-9

Stoansteirisch

Lusti singa, Buabn,
Mir singa stoansteirisch,
Oda Zithern schlogn,
So schlogn ma stoansteirisch,
Oda tonz mar oans,
So tonz ma stoansteirisch,
Recht schön stoansteirisch umareibn.

Auf da Kegelbohn,
Do sein ma stoansteirisch,
Auf n Eisschiaßplotz
Scha wiada stoansteirisch;
Won ma s Dirndl liabn,
So liabn ma s stoansteirisch,
Schiaßn stoansteirisch ah auf d Scheibn.

Ollaweil stoansteirisch,
Ollaweil boanbäurisch,
Gibts a Weinl z liapern,
Trink ma stoansteirisch,
Will da Feind ins Lond,
So zoagn ma s stoansteirisch,
Daß ma stoansteirisch wölln bleibn.

Wiar ih zan erstnmol afn Dompfwogn bin aufgsessn

Ja, die kloan Leut! Wan s na mitspringa deafn, aft is eahna scha ghulfn.

Mei Göd, da Kniarudscha Jocherl, is olli Johr gern amol af Maria-Schutz af n Semering kirchfortn gonga. Hon ih mih holt a amol onghenkt ba seina Hosn: „Göd, ih möcht mitgehn!"

„Wan da s dei Voda dalabt!"

Nau, da Voda hot gsogt: „Meintswegn kon er scha mitgehn, da Bua. Do gsiacht er gleih die neug Eisnbohn, de s hiaz iban Semering hobn baut. Is jo scha fiati, s Loch durchn Berg."

„Goud vahüats!" schreit mei Göd, „daß ma däs Duiflszeug onschaun! is ols Blendwerk — is ols nit wohr!"

„Kon ah sein", hot mei Voda drauf gsogt.

Sa mochn mar uns holtn afn Weg, ih und mei Göd. Und wia mar iba d Olm hindrotln, do sechn mar af amol intn afn Spitalabodn an Wurm daherkruichn, der Tabak racht.

„Jäissas Maron!" schreit mei Göd, „däs is scha so wos, spring, Bua!"

Mir nehmen d Füaß üba d Oxln und lafn üban Berg ibri, daß s ols stabt. Müan ober af am Irwurzn sein gstiegn — wia mar owi keman ins Tol, stehn ma vor an ends Loch, fleißi ausgmaurt und sa groß, daß a gonzes Haus drin hät kina stehn. Und do geht a Stroßn mit zwoa eisnerni Loastn daher und schnurgrod eini ins Loch.

Mir stehn do, und mei Göd sogt: „Hiazn stehn ma do. — Däs wird die neumodisch Londstroßn sein. Owa dalogn is a, daß do einifohrn."

„Göd", sog ih, „wos is dan dos für a gspoasis Brumeln in Erdbodn?"

„Wird doh kan Erdbidn (Erdbeben) sein!" moant da Göd; do pfnecht af da Stroßn a kuhlschworzas Wesn daher, speibt Fuir und Rach wia da höllischi Drok (Drache).

„Kreuz Goutas!" schreit mei Göd. „Hiaz kimbt er! do henkn jo gonzi Häusa dron!"

Weil mar eh gmoant hobn, hintan Lugamativ warn na gleih a por Steirerwagerln onggspont, wo ma sih aufsetzn kunt. Und hiaz sein enk gonzi Stodthäusa dronghenkt und ba di Fensta schaun lebendigi Leutköpf ausser — und scha damasch gaustads daher, daß ih noh denk ba mir selwa: däs bringt ka Goud und Heilin mehr zan stillstehn. Rumpadi pumpadi her nochanonder und ban Loch eini.

Noch a Weil, wia s wieda still is worn und na da Rach aussasteigt va da schworzn Finsta, sogt mei Göd:

„Host du s ah gsechn, Bua?"

„Ih hons ah gesechn."

„Sa kons doh ka Blenderei sein gwesn. Na, dä sein hin!"

Sein ma drauf holt schön stad wieda weita ghatscht — iban Berg ibari, daweil die ondern untnauf durchi sein grutscht. Da Göd beidlt holt ollaweil noh sein

Kopf: „s is af da Welt ungleich, wos heint zu Tog d Leut treibn!"

„Se toan mit da Weltkugl keglscheibn!" moant a Hondwerchsbursch, der grod vabeigeht.

Mia keman — wie s scha zwischn Liachtn geht — frisch und gsund af Maria-Schutz, schleifn in da Kirchn afn Knian a pormol ums Oltor und aftn gehn mar ins Wirtshaus.

Wos ma schoffadn? fragt da Wirschd.

„Mir is oller Awadit vagonga", moant mei Göd, „gscheidi Leut essn nit viel, und ih bin heint um an Eichtl gscheida worn."

War ah recht. Drauf führn s ins durchn Stoll, ba da Mentschakoma vabei afn Heubodn. — Sultn schaun, daß ma schlofn möchtn. — Ah holt jo, wan ma so weit geht. — A ruasumi Nocht! — Ah so viel. — Aft knotzn mar eini ins Heu — is wulta woach liegen, und olls is schön stil.

Sogt af oanmol da Göd: „Schlafst scha, Bua?"

„Na!"

„Du, mi reidt da Duifl!"

Däs schreckt mih. A so wos af da Kirchfort!

„I muaß vorn Schlofngehn kan Weichbrun hobn gnoma, s gibt ma ka Rua nit, s is hel zan Durchgehn, Bua!"

„Wos hots dan, Göd?"

„Na, morgn, wan ih n Oblas kriag, leicht wirds bessa."

„Tuatn Gödn wos weh?"

„Ah, s is a Dummheit! — Oda wos moanst Bübl, weil ma scha so nohat dabei san: Prowir mas? — Wos kon uns gschechn? Wans die ondern toan, zwe nit mir ah? — Ih los mas kostn!“

In Göd tramt! denk ih ba mir selba.

„Dä wern amol lousn dahoam, wan ma sogn, daß mar afn Dompfwogn sein gfohrn!“

Hiaz bin ih erst deutsch gwen.

„Ower a Sündhoftigkeit is s!“ sogt da Göd no, „na, leicht wirds morgn besser und hiaz tuan mar in Gotsnom schlofn.“

Nau, und aft hot er gleih sein Hulzsog ongricht't, und ih bleib munter und gfreu mih die gonz Nocht afn Dompfwogn.

Togs drauf hobn mar unsa Kirchfort varicht't, wia sa sih ghört, und bold stehn ma vorn Semeringbohnhof.

Do sechn mas Loch af der onern Seitn — is ah kulschworz. Va Wean her is grod a Dompfwogn in Kema (im Einfahren).

In Bohnhof, hintan Fensterl, dukt sih a rotkapplada Mon, hat Aufsitzkortan foal. Mei Göd loßt sih af an Hondl ein, foalt in Rotkappladn zwoa Sexerler on, wam ma deafadn durchs Loch fohrn — glei entern Berg tat ma scha gschwind wieder aussteign.

„Gleich hinter dem Berg hält der Zug nicht!“ sogt da Rotkappladi rechtschoffn herasch.

„Owa, wan mar aussteign wölln!“

„Ihr müßt bis Spital fahren. Für zwei Personen zweiunddreißig Kreuzer Münz.“

Sou viel, moant mei Göd, wie die großn Herrn, kunt er wuhl nit, und in u n s zwen, wia ma dastangadn, wa jo ka Gwicht dron. — Hot nix ghulfn. Zohln hobn ma müaßn. Nit an schlechtn Kreuzer hot er nochglossn.

Nau, und gleih drauf pfnaust er daher, da Saggara, da schwarz. — Wiar a Hen, der sa s Hirn ausn Kopf hobn gschnidn, so steht mei Göd da — und ih ah. Af oanmol schupft uns oaner in Wogn eini und wia s Glöckl onschlogt — oans, zwoa, drei — sogt da Göd: „Dös is mei Totnglockn!"

Und sitzn af a Bonk, as wiar in da Kirchn. — Jässas und Maron, do draußt fliagt ja a gonzi Maur vorbei! — Jo Nor, und aft wirds stockfinsta bis auf an Amperl, dos hat bruner, und a Gedöß is da dos um und um, und in Lugamatifi selba muaß da Schiach sein ongonga, weil s gor a so gwuislt und pfiffn hot.

Mei Göd legt d Händ zsom af sein Schoß und sogt: „In Godsnom! Hiaz gib ih mih in olls drein. — Zwe bin ih der dreidopelt Nor gwesn!"

A so a zechn Vadrunsa lonk deafs daurt hobn, bis ma wieder in da Togliachtn sein und da liabi greani Wold einalocht ba die Fensta.

Do steßt mih mei Göd mitn Ellbogn: „Du Bua! dos is scha gor aus da Weis gwesn hiaz! — Owa hiaz hebts mar on zan gfolln! Richti wohr! da Dompfwogn! a schöns Sochn is s! — Jäigerl, hiaz sein ma jo scha ban Spitaladorf! Und sein erscht klewer a Viertlstund gfohrn. Du, do hobn mir unsa Geld noh nit ohgsessn! Ih sog Bua, mir bliebn noh sitzn!"

Mir is s recht gwen. Und da Göd ollaweil noh: „Na, dä Leut sein gscheid! Und dahoam werdn s Augn mochn! — Hät ih s Geld dazua: wiar ih do sitz, so loßad ih mih af unsan Berg auffiführn!"

„Mürzzuschlag!“ schreit oana ban Fensta eina.

Mir steagln aussi, und wia ma ba da Tür unseri Aufsitzkortan ohgebn sultn, sogt da Türwogl: „He, diese Karten gelten nur bis Spital. Da heißts nachzahlen, und zwar das Doppelte, für zwei Personen, macht einen Gulden sechs Kreuzer!“

Mei Göd schaut mi on: „Bua, host du a Geld bei dir?“

„I hon ka Geld ba mir!“

„Ih hon ah koans.“

Und a so sein mar aufgsessn. Wern a Weil umazart von oana Konzlei in die oner; müassn unseri Säckl übadrahn; a blows Honddiachl, däs für uns olzwen is gwen, hobns nit ongrührt. A zsamdorts Brotringgerl, a ruassigs Dabakpfeiferl, an Toschnveidl, an Buachnschwom und an Fuirstoan, s Beichtzedl va Maria-Schutz, s leder Geldbeiderl af d Leßt, mit da messingan Heilikeit, dä da Göd ollaweil ban eahm hot trogn, daß n s Geld nit sul ausgehn. — Hot sih ah olaweil gmocht und hiaz af amol hot die heili Weich ausglossn. — Hobn unsa Hob und Guat wul wieda deafn einschiabn; owa ba d e r Umawetzerei und Frogerei is die Zeit vagonga. Und wia s uns fuatglossn hobn, wirds scha demeri, müassn in da stockfinstern Nocht iba Berg und Tol, und sein um a guats Trum späta hoamkeman, as wia wan mar olaweil schön afn ehrlichn Füaßn warn gonga.

Bleibt intawegn mei Göd amol stehn und sogt schön zach: „Ban Dompfwogn — as is doh da Deifl dabei.“

Wia sih da Deckaveitl dafolln hot

Da Deckaveitl is sei leppa a lustiga Kampl gwen, und wia selchti Leut scha sein, zleßt hot er ah noh an Gspoaß gmocht.

Selm, wiar er s Wintabarn Olmhäusl eindeckt hot, do hot er gsungen und gwischpelt dabei, wia die ondern Vögl, de auf n Doch gsessn sein, und sar oft n da Holdabua s Essn auf d Olm bringt, woaß er a gspoaßigi Red und loßt n Baurn oda da Bäurin wos Lustigs sogn.

Ober amol kimt da Holdabua hoam va da Olm, will redn und bringt ka Wort aussa; er deut't nur ollaweil auf d Olm auffi, und da Baur und die Bäurin frogn: „Na, wos is s dan, wos host dan?"

„Jo — jo — jo, da Decka hot sih dafolln; inta die Dochtrapfn leit er und is maustot!"

„Da Decka? Da Veitl? Wird doh däs nit sein!"

„Jo, freili is s — inta die Dochtrapfn leit er!"

„Hot er dih eapa na gfopt — da Veitl is a Gspoaßvogl."

„Balei nit, balei nit; inta die Dochtrapfn —"

„— leit er! — so spon doh gschwind s Roß ein, Baur, und fohr auffi", sogt die Bäurin.

Und da Wintabar spont lüfti s Roß ein und fohrt auffi, s is scha dunkel, wiar er zan Olmhäusl kimt, ober er gsiacht n noh liegen, inta n Doch.

„Geh na he, Deckaveitl, geh na he, hiazt deckn ma dih ein!“ sogt da Baur, hebt n Totn auf und legt n aufn Wogn.

Daweil wird s finster und a Nochtweta wird ah noh kema, s himlazt und dunert scha von Gamsgebirg he. „Hi, Bräundl, hi!“ treibt da Baur und holt sih schön gleim zan Rößl zuwi; er draut sih gor nit umzschaun aufn Wogn — da Veitl kunt aufstehn; jo, wan er lebendi wurd, se lias er eahm gfolln, derawegn kunt er scha noh sitzn bleibn auf n Wogn — oba wan a Toter aufsteht und umageistert — se Sochn is zwida, se schreckt oan höllmentisch!

„Hi, Bräundl, hi! Wia s mein Vodan gongen is do: der geht ah amol hoam vo da Olm, und wiar er zu der oltn Buachn kimt, grod zu der do, wo s Taferl henkt, reit't n a Schimel auf d Ochsl und pfnaust n ins Ohrwaschl eini, und er bringt den Schimel nit ower, ehs er zan Zellatörl kimt — doschst hot er auf oanmol nix meh gspürt und gsechn. Und der Schimel is a Geist gwen. Hi, Bräundl, hi! — Jo, und do int ban Brükl hobn s spot auf d Nocht schon imer a Totnliachtl gsechn und an schwarzn — Jessas, selm steht er scho! hi, Bräundl, hi!“ —

Und so jeikt er sei Roß und da Wogn bredlt hint noch und da Toti drein fongt völli zan hupfn on. Und hiazt kimt da Regn ah und himlazn tuat s und krochn, und grod nebn an Weg hot s in a Tan eingschlogn.

„Ho, Bräundl, ho!“ hiazt kon er s Roß neama daholtn — auf d Leßt fliagt s n üba d Wond ah noh owi — ho, ho Bräundl, ho! — — s ist umsist, s Roß hot sih gschreckt, no — und da Baur ah und so rumpln s holt fuat.

Und endlih fohrn s in Hof ein.

„Gott Lob und Donk, seit ih dahoam bin! Hiaz kemts, Leutl, helft s ma n Decka ohlegn!"

„n Decka? Jo, wo host n dan?"

„Jechtas, jechtas, hiaz is ma da Toti durchgonga! Na woart du, wans da noh amol s Gnack brichst!" so schreit da Wintabar, oba sei Weib sogt:

„Muaßt nit, Baur, muaßt nit! Du host n holt ohgschüt't intawegn; zwe jeikst a so: geh na wieder und suach n!"

s kimt n saur on, ober er nimt sein Knecht mit, trinkt a kloans Schnapsl, daß oan Geist in ondern vatreibn sult, und fohrt wieder aus. — De Goll, de er auf n Veitl hot ghobt! Zan Glück hobn s nit weit fohrn därfn, gleih, wo s Dorf zan Ort geht, is er glegn.

„Ah, do is er, der Hallodri, fopn mogst oan lacht noh, woart!" schreit da Baur in sein Zurn und gibt n a Watschn.

Jetztl, wia hiazt da Toti aufspringt: „Saggera, wer — wer schlogt mih dan? — Geht s wen wos on?"

„Heiliga Gott, däs is jo da Schulmoasta!" moant da Wintabaur und bit't tausndmol um Vazeihung wegn da Grobheit.

„Jo", sempad da Schulmoasta nochha, „schlecht is er nit — hot hisch an Geist und do — woaßt, Mesna, do hon ih mih holt an wenk vaduslt; wia geht s dan dir, Mesna, host ah oani kriagt eini?"

„Loß man n liegn", moant da Knecht, „er kent sih nit aus, hot an unsinin Fetzn; fohrn ma weita, Baur."

Richti, da Schulmoasta is wieder eingschlofn, und die zwen sein weita gfohrn. Wia s auffi keman zan Wold, hobn s n Totn erst gfundn. Grod mittn auf n Weg is er glegn. Gleih war er auf n Wogn und s is scha Mittnnocht gwen, wia s mit eahm hoamkema sein. D Hausleut kema noh mit a Lotern — o du himlischa Strohsock, hiazt hobn s noh nit. Da Mesna leit auf n Wogn und duslt sein Rausch aus.

„Fikrament!“ schilt da Baur, „kimt ma heint die gonz Lumpnbagasch inter und den, den ih will, hot leicht da Ganggerl ghult?“

No, in noan Tog fohrt er zan dritenmol aus, und obn ban Brükl kimtn da Veitl entgegn. Olßa lebendiga Todta kimt er in Baurn entgegn. „O mein Winterbar!“ sogt er, „däs wor oana! Zerst Schnaps, nochha Bier drauf — nochha wieda Schnaps — is s ollaschlechtast! Unser drei sein uns gwen und oll drei hot er uns gschmissn. Du, dös war oana!“

Wia da Raffa-Michel Ohbitt leistet

Is a guata Lopp, da Kluiba-Hiasl, a herznsguata Lopp. Oba schreckli begriffsstützi. Man ko nouh sa gmüatlih mit eahm redn und in Güatn plaudern und rotn — gwiß foßt ers foisch auf, legg ers schlecht aus und da Vadruß is fiati.

Zan Beispiel in da nahst Wochn. Ban Grobnwirt, wia mar in schworzn Schuasta hobn ghaut. Steht da Hiasl gleim hinter meiner, und af jo und na hot er gonz zuafälli oani in da Pappn, daß n d rot Suppn owa rint.

„Off, ungschickta!" red ihn on, in Hiasl, „siachst as dan nit, daß ih grod zbest ba der Orbat bin! Wos stehst ma dan umer afn Weg! Is s dar eppa nit recht!" sog ih in olla Güatn, weil da Hiasl mei besta Kamerod is gwen, sid er von Militär is zruggkema. Er will aufbegehrn. — „Holts Maul", red ih n freundschoftlih zua, „oder ih reiß da dei Haxn aus und schmeiß s in Bodn eini, daß as aussastema müassn!"

Af de guatgmoand Red — na jo, ih hon eahms do sogn müassn, daß er sih zrichtn woaß an odermol — geht er mih klogn, da Doust! Klogn geht er mih und hobn ollzwen d Lafferein zan Gricht. A so a Richta vasteht notürler eh koan Gspaß und hoaßts hiaz, ih hät in Hiasl beleidingg!

„Beleidingg!" frog ih gonz daschoussn, „ih? wen? in Hiasl?"

„Drohung gegen die körperliche Sicherheit!“ sogg da Richta.

Do muaß ih hell auflochn. „Däs hoaßens a Drohung! wo ih n gmüatlih zuagredt hon, wia mas in oagnen Bruadan nit bessa moan kunt.“

Ja, sogg da Richta, kunt ma nit helfn, müassad mih af a por Wouchn in Kotta steckn, s Gsetz valongads. Aussaloan, ih bittad eahms oh, in Hiasl, und er nahms on.

„Ohbittn“, sog ih, „drum is er mar ah noh nit foal, weil ih gern in Friedn und Goanigkeit leb mit mein Kamerodn und in selchtn Sochn is s ollamol zan gscheidern, ma vaständigg sih gut mitanond.“ Gleih stell ih mih hin vorn Hiasl, holtn d Hond für und sogg: „Hiasl!“ sog ih, „Hiasl, du bist a Rindviech und bleibst a Rindviech, ober ih vazeih dars!“

D Augn sein an noß worn, in Hiasl, um an Hols hot er mih gnoman und olls is wieda guat gwen.

Wia da Schell-Schneider in Richter gwählt hot

Daß die Kloanhäusler und d Ster-Hondwercher ka Wohlrecht hobn, däs is aus Christnliab aso eingricht worn; den ormen Teuxeln tuat eh sist ollahond weh, wan eahna d Wohl ah noh weh tat! A in Kloa-Mäuselboch is da schöni Brauch, daß d Hondwercher nit wähln därfn, und dena hots a sih in den Dorf zuatragn, daß da Schell-Schneider in Richta hot gwählt. Dahebb hots a sih aso: z Kloan-Mäuselboch is der olt Richter mit da Zeit sa gscheit worn, das n ohgsetzt hobn; za den Antl (Amt) hot ma liaber an Ondomerladn (Einfältigen), weils, wia mei Freund, da Schruafn-Toni z Miazuaschlog sogg, besser is: viel holtn oan für an Norn, als wiar oana viel. Nau, so hobn s n Gscheitn ohgsetzt, z Kloa-Mäuselboch und hobn a Richterwohl ausdrumelt.

Wia s oba scha geht ba den Sochn: as is neambb kemen za da Wohl, as war s Heuhebn alls z gnedi. Der oanzigi Stoan-Steffel is kemen und hot sei Stim für n Schmoggnhofer ohgebn. Sogg der Ombbmon, de Stim gult nix, da Schmoggnhofer hät im voraus sogn lossn, er nahm s Antl nit on. As müad oana gwählt wern, der s onnahm. Af dos gibb da Stoa-Steffel sei Stim für eahm selber oh, wos in Ombbmon ah wieda nit recht gwen is.

D Wohl wird s zweitimol ausdrumelt af an Sunta-

Nohmittog in Wirtshaus, wo s sist ah gern zsomkemen, die Baurn. Richti, weil s Richtersetzn is, bleibt s Wirtshaus lar; as toal sein af d Olm gonga zan Viech, as toal toan kegelscheibn und da Kippel-Maxl loßt sogn, er hät nit Zeit, er müad dahoam Schuach nogeln; Weatas (Werktags) kamad mar ah nit dazua.

„Is a vadonkts Kreuz mit de Baurn!" greint der Ombbmon, „daß s oba go so lohmlokad sein, und — gschweigns va da Pflicht — nit amol af eahnern Vortel schaun kinen! — Hiaz, wia kriagn ma s za da Wohl her? As wa schier bold not, daß ma s mit n Stondarnan (Gendarmen) huln lossn müassad!"

Dos hört da Mesner-Gogl — ah a so oana, der ka Wohlrecht hot, derawegn is er do gwen — und der woaß an Rot. „Mit Stondarnan", sogg er, „s se Sochn wa nix. Do hättn s nochha s gonz Johr an Ausred: wan s freiwilli nit ins Wirtshaus gangadn (gingen), sa wurdn s mit Gwolt hintriebn. — Wan s nit wölln kemen, die Hern Baurn, za da Wohl, nau sa gabs koan onders Mittel, as wia mit n Klinglbeidl va Haus za Haus gehn und d Stimen einsomeln."

„Mesner!" schreit der Ombbmon, „dos is a guata Gedonkn! Geh ma!"

Richti, wia da nahst Regntog gwen is, daß die Baurn oll in eahnern Häusern dahoam gwen sein, do gehn der Ombbmon und da Mesner-Gogl mitn Klinglbeidl hausiern.

Zerst bringen s überoll an Schrockn mit. Da Klinglbeidl! Geld! Gwiß wieda für a neugi Kirchngloggn oda so wos! Wia sah sih aft weist: däsmol ka Geld, däsmol nix as wiar a kloans Stimzederl, do gehn die Gsichter broad ausanond — wohln stott zohln, däs lossn s eahna gern gfolln. Is jo ka Hexnstückl. Da Stoa-Steffel oda da Köderer — kan onderer nimbbs nit, s Antl — va de zwen muaß oana gwählt wern. Nau guat, as toal sein fürn Steffel und as toal sein fürn Köderer und an iada steckt sei Papierl eini ba da Klinglbeidl-Klumsn. Prächti gehts und imer in an Haus wird eahner a Kruag Most und Henibrot (Honigbrot) fürgsetzt, a so daß da Mesner moant, d Wohl mitn Klinglbeidl wa doh viel gscheita, wie de in da Gmoanstubn oder in Wirtshaus, wo da Trunk Geld kost't.

A so kemen die zwen ah zan terischn Wumzoaser-Ferdl. „Jo", sogg da Ferdl, wiar er in Klinglbeidl gsiacht, „is scha recht, ih wia gleih doh sei. Freilih, freilih, is mei Schuldigkeit für die Gmoan. Wia gleih do sei." Buglt (eilt in gebückter Stellung) in d Nebnkomer, steaglt (stolpert) noch an kloan Randl (nach einem Weilchen) wieder in d Stubn und steckt sei Papierl eini ba da Klinglbeidl-Klumsln. Nau, und wia s d Schnoasn (Reihe) ohgonga sein, der Ombbmon und da Mesner-Gogl, spazierns zrugg in die Gmoanstubn und zähln d Stimen. Akrat (genau) fünfadreißig. Afn Köderer sein siebzehn Stimen gfolln, na sa muaß da Stoa-Steffel ochtzehn hobn und war af de Weis da Steffel Richter. Oba schauts, wia s d e n seini Stimen zähln, sein ah na siebzehn und die fünfadreißgast Stim is a zsomdrahts Guldnzedl.

Hiaz stehn s wieda do und wissn nit, wia s dron sein. Und roatn (sinnen) noch, wia s Guldnzedl gmoant sei kunt. Zan a Stärkung wurds vamoant sei, sogg da Mesner und gugg durchs Fenster gegn s Wirtshaus hin. Do kimbb da Stoa-Steffl daher und frogg, wos s war und wens troffn hät.

„Du und da Köderer, an iada hobs gleichsviel Stimen!“ sogg da Mesner gleih und dazählt die Gschicht von Guldnzedl.

Da Steffel is ah dafür, daß s Guldnzedl af a guati Moanung vawendt wern sult und gugg durchs Fenster gegn s Wirtshaus.

„Miar stehn hiaz a so“, sogg der Ombbmon, „daß ma s Los müassn entscheidn lossn.“

„A vadonkt!“ (du verdammt) schreit da Steffel.

Der Ombbmon nimbb aus n Winkelkastl s Spielkortnbüschl (a Gmoanstubn muaß mit olln eingricht sei), hebb a zwoa Blot oh und sogg: „Do hon ih n Oachel-Neuner und in Schell-Schneida. Drahn ma s a wenk durchanond ollzwoa. So hiaz ziach dar oani, Steffel. Dawischt in Schneida, sa bist Richter.“

„Gilt scha!“ grumelt (murmelt) da Steffel und greift noch da Kortn. Mudlts a wenk oh mitn zwen Fingern, zupfts a wenk, ziachts oba nit aussa. Greift noch der ondern, mudelts a wenk oh, zupft, ziachts aussa. — Drahts um, die Kortn — schauts groß on. „Du verdächtiger Oachel-Neuner!“ schilt er und hauts afs Fletz, daß olls fliagg.

Da Schell-Schneider is afn Bauch glegn und hot gwort’t afn Köderer. Af däs is da Köderer Richter gwen. — Und a so hots as sih zuatrogn, daß da Schell-Schneider in Richter hot gwählt.

Für n neugn Richter die erst Ombbshondlung is gwen, daß er aussprechn hot müassn, wos mitn Guldnzedl sul gschechn, däs sih zan Wohlstimen zuwigschmuglt ghobbt hot.

„Für die Ormen natürla!“ sogg da neug Richter. Af dos hot ma s gleih kent, daß da Schell-Schneida mit seiner Wohl recht ghobb hot.

Der Omashaufn

Ih schau an Omashaufn zua,
Do wuaslns her und hin und her,
Und trogn und schiabn und ziachn toans,
Und laufn üba kreuz und quer.
Die Großn tretn auf die Kloan
Und nehman eahna d Spliterln oh;
Und nocha raffn s selba drum,
Und gebn ka Rua in gonzn Tog.
Mir kosts an Rucka mit n Fuaß,
Und znichti is däs gonzi Nest;
Und Trüma liegn da weit und broat,
Und olles ist umsunsten gwest.

An Omashaufn is ah d Welt,
Es schaut an ondra zua den Gwuaß;
Und wird eahm s Unrecht endlih zviel,
So kosts an Rucka mit n Fuaß! —

Wia da Richter an folschn Zeugn dawischt hot

Von Edelhofa der oldi Knecht, da Buidl, kimbb ins Stadtl und frogg noch n Bezirksgericht.

s großi Haus selm afn Plotz, mitn guldan zwoaköpfadn Vogl üba da Tür, sult nar eini gehn. Üba d Stiagn auffi; warn eh scha Leut obn in Vorzima, sult sih na niedasetzn af da Bonk, wurd scha gruafn wern.

Nau is recht. Da Buidl mochts a so. Deaf ah richti nit long wortn. Da Grichtsdeana mocht die Tür auf ins Zimmer eini. Do dina sitzn und stehn Leut umanond und ban Tisch da Herr Richter, und vor eahm a Kruzifix mit zwoa brinendn Kirznliachtern.

„Voran, voran!“ dristlt (drängt) da Richter in Knecht zua, er will mit da Vahondlung bazeitn fiati wern, morgn is Christtog. „Wie heißen Sie?“ frogg er in Knecht.

„Ih?“ sogg da Buidl gonz zach.

„Na, schnell, schnell!“ dristelt da Richta.

„Wiar ih hoaß? Lebuid Sumeregger loß ih mih schreibn.“

„Wie alt sind Sie?“

„Ah, nah“, moant der Buidl, „däs wird nit not sei?“

„Augenblicklich sagen Sie, wie alt Sie sind!“

„Nau, in Gottsnom! Holt schon a storka Sechzga. Gleim (nahe) ba Siebazg. Die Zeit vageht.“

„Katholisch oder lutherisch?“

„Oba mei Gad, Herr Richta, za was dan?"

„Wenn Sie sich unterstehen, mir noch einmal zu widersprechen, so lass ich Sie einsteckn bei Wasser und Brot!"

„Ih wir doh eppa kathulisch sei!"

„Sie sind mit dem Angeklagten verwandt, verschwägert oder in Diensten?"

„Ih?" sogg da Buidl, „mit wem? Mit d e n do? Oba Herr Richta, wo denkns dan hin?"

„Ersparen Sie sich solche Bemerkungen! Erheben Sie die Hand und schwören Sie!"

„Jo — zwegn we dan? Zwegn we dan schwirn? Vawegn s o was!"

Da Richta springg auf und schreit: „Arretieren lass ich Sie, wenn Sie noch ein einzig Wort Gegenrede haben! Die Hand heben Sie auf! Sagen Sie es nach! Ich schwöre!"

„Ech schweere!"

„So wahr mir Gott helfe!"

„So wohr mir Gott helfe!"

„Alles zu berichten, was ich weiß!"

„Olles zu berichten, was ih woaß."

„Nichts zu verschweigen."

„Nix za vaschweign."

„Die Wahrheit, und nichts als die Wahrheit zu sagen."

„Die Wohrheit, und nix als die Wohrheit zu sogn."

„Amen."

„Aman."

„Nun, was haben Sie zu sagen?"

„Jo“, sogg da Buidl, „an schön Gruas v mein Baurn, von Edlhofer, und er liaßad bittn, wan an da Herr Bezirksrichter d Ehr schenkn möchtn, morgn za Mittog af an Löffl Suppn . . .“

„W—a—s!“ schreit da Richter, „und Sie sind kein Zeuge?“

„Oba go nit.“

Und a so hot da Richter an folschn Zeugn dawischt.

Steh af d Seitn!

Nia vawegn und ima munta!
Springg a Stoan von Berg herunta —
Willst n fonga? Willst n zwinga?
Steh af d Seitn, loß n springa!

Hät ih auf den Rot vagessn,
Hät mih s Gschick scha long dastessn,
Won ih eahm in Weg wa gsprunga,
Gleih af Lebn und Tod hät grunga.

s Gschick, däs hot af neambb koan Possn,
Geht stockblind sei grodi Stroßn,
Wias daherfohrt, rullts in d Weitn —
Steh af d Seitn! Steh af d Seitn!

Wia da Fronz Biaderl ins Nornhaus gführt is worn

Da Biaderl in Grobnboch hot an Fahler kriagg, songs. An Fahler in Kopf. Sist a so a gsunda, storka Mensch, und ohdraht, daß mar aus eahm aloan drei Roßhondler hät mochn kina; von den hoaßt s af oanmol: verruckt war er worn. Ma hot eahm sist nit viel onkent, grod na daß er gach onghebb hot sei Sachl zan vaschwendn, wo er eh sa sporsum is gwen, daß er eahm sogor s Tabakrachn und s Kortnspieln und ondri Unterholtlihkeiten ohgwöhnt hot, herentgegen drei recht bravi Vorteil gwungen: Gsundheit, Reichtum, Tugendhaftigkeit. Und af oanmol draht sa sih um. Daß er sein Kuahmentsch zar ihrn Nomenstog in schworzn Budl hot gschenkt, in Haus-Budl, däs is noh nit amol aufgfolln, gleichwuhl s Kuahmentsch nit recht hot gwißt, wiaso daß sie af oanmol aufn Hund keman is und wos s onfonga sul mitn schworzbelzadn Köda. Wiar er ober an oltn Bedlmon, der um a Stückl Brot ongoltn hot, a Kalbl aus n Stall gibb, do hobn d Nochbarn in Kopf beidelt und gmoant: ban Biaderl wars nit richti. Und wiar er nochher ah noh drei böhmischi Musikantn mit Kropfn und Schnops traktiert, sie af d Wies aussi führt und eahner an Heuschober schenkt, und wiar er gor af d Leßt ins Steuromt geht und aufbegehrt drüba, daß däs Johr d Steuer s gring war, da schlogn seini Vawondtn d Händ übern

Kopf zsom und sogn: hell narasch is r worn! in Nornturn mit eahm, sist vahaust er s gonzi Vamögn!

Aftn gehns zan Gmoanvorstond und wirds hoamler ausgmocht. Da Wastl in Egg, a großa bamfesta Mon, sultn Biaderl af Graz bringen und in die Irrenonstolt Feldhof steckn. Da Gmoanvorstand z Grobnboch setzt a Gschrift auf: da Fronz Biaderl tat olls vatoan, koa Budlhund und koa Heuschober gang mehr vor eahm sicher, da Fronz Biaderl wa verruckt worn, und sogar d Steuer warn z gring, und die Gmoan lossad bittn, daß er in Nornturn gspürt wurd. Unterschrift, Gmoansiegl — punktum!

Und in a por Togn drauf, do hoaßts: z Graz war a großa Tandlmork, s gonzi olti Glumpert va Graz wurd vadranschlt (verschachert), und ah merkwürdigi Sochn, wia zan Beispiel s Schwert, mit den da Baumkirchna köpft worn is, nochher in Freiherrn Rauber sei lonka Bort, in türkischn Kaiser Suliman sei roti Kopn, de er vagessn hot, wian d Steirer ausn Grazergschloß vajogg hobn — und lauta so Sochn afn Tandlmorkt — an Hauptgspoaß wurds gebn — da Wastl in Egg fohrad af Graz, wer mitfohrn wult?

Da Biaderl is sei leppa gern dabei gewen, wo s wos Seltsoms oder an Gspoaß hot gsetzt, und in Suliman sei Kopn, däs war scha gor a Foll — jo, da Biaderl fohrt mit.

Nau und a so seins fuat mitanond, da Wastl in Egg und da Biaderl. D Leut hobn eahna nochgschaut und die Woachherzign hobn an Seufza gmocht übern ormen Biaderl.

Gegn da Nocht, wias af Graz keman oll zwen, gehns und schauns aweil umanond und do sogg da Wastl: „Wirtshäuser und Nochtquortier, überoll olls vul va lauta Frembbi. Af da Gossn kina ma doh nit schlofn; wan s dena sa woach wa, die Gossn, wia dahoam z Grobnboch, ober in da Stodt is s jo olls stoanhirt pflostert. Ih denk, Biaderl, wans da recht is, mir gehn vor d Stodt aussi zan an Londwirtshaus, daß mar a guats Bett kriagn üba Nocht."

Vasteht sih, in Biaderl is s recht, er kent sih nit aus und valoßt sih af sein bravn Nochborn. Da bravi Nochbor führtn aussi und noch da Stroßn weita bis owi gegn an Feldhof, wos da Nornturn is. As wird scha finsta wias hinkeman und do, wia da Wastl hoamler onfrogg in Irrnhaus, hoaßts, heint wars scha zugspürt, heint wurd kan oanziga Nor mehr aufgnomma.

Nit weit danebn steht a Wirtshaus und do kehrns hiaz ein, unseri zwen Maner aus Grobnboch. Wias mitanond gmüatlih eahna Nochtmohl essn, a schweinernas Bradl und an Stainzer Schilcha dazua, do follts in Biaderl auf, daß ban Nebntisch von Irrnhaus gredt wird, dös gonz in da Nahad war. Nit recht richti fürkeman is s n eh scha ba der Grazerroas, und hiaz hebbs n on, vadächti zwern. Da Wastl hot wos in Sinn mit mir! denkt eahm da Biaderl. Oba wos lauter, däs möcht ih wissn! Trinkn ma noh an Wein, leicht kimbbs auf. — „Wastl, däs is a Weinl! däs schmeckt ma, heind zohl ih a Moß!" sogg da Biaderl.

In Schilcher is er nia Feind gwen, da Wastl in Egg. Ba den Umgehn in gonzn Tog wird ma dursti. Oan

Seidl ums ondri. Zwe sul ih nit amol urndlih mein Durst löschn, denkt eahm da Wastl, grod a wenk ochtin gebn muaß ih, daß ih nit wos ausplausch.

Und ausplauscht hot er nix, da Wastl, ober z Schlof keman is er gleih ban Tisch noh und hot sih nar a so hintunkt. Wan mar af da Bonk ah guat schloft, da braucht ma ka Bett, däs leicht a dreißg Kreuza kunt kostn, und ohni Einwohnerschoft gor eppa noh mehr. — Und wia da Wastl in Egg so schön fest einduslt is und koan Gsinn hot davon, daß s a Welt gibb, und a Wirtshaus und an schlofendn Baurn drein und an Schelm danebn — do schautn aus sein einwendign Janggasock d Schrift aussa, von Gmoanvorstond z Grobnboch mit Unterschrift und Siegel. Da Biaderl denkt eahm: daß ers nit valiast! greift hin, ziacht eahms stad ausser und lest.

„Fronz Biaderl! dös geht jo mih on!“ sogg da Biaderl zu eahm selber. „Ah dos is nit schlecht! In Nornturn wöllns mi steckn, meine guatn Freund. Daß s mei Vamögn kriagadn! Schau du, wia gscheit! Oba — vielleicht is da Nor noh gscheita! Probier mas! — Guati Nocht, Wastl, ih geh hiaz, ih hon an gnädin (nötigen) Weg.“

Steckt d Schrift in sein oagnan Janggasock, rent eilends davon und in Irrnhaus zua, däs er leicht dafrogg. Ban Gloggnzug hebb er on zan reissn und zan schebbern, as wia wan die gonz Grazastod in Feuer stund. „Oh na, meini Herrn! In Irrnhaus is s nix mitn Zuspürn ba da Nocht, wo olli Augnblick oana narasch wird auf da Welt! Gscheiti Leut, moants, derfn nur ban Tog narasch wern, weils ba da Nocht schlofn müassn? Ih hon ober doh oan ba mir, der ba da Nocht eina muaß. Zan aufschiabn is s nit, sist kimbb er uns aus und stellt wos on! Aufgschaut meini Herrn Gscheitn, da Nor kimbb!"

Gleih zan Direkta loßt er sih führn, da Biaderl, zoagg d Schrift von Gmoanvorstand her, mit Unterschrift und Siegel, und sogg: „Zan Aufschiabn wa wul ka Zeit ba den, wo s eh a vafluamaschti Orbat hot braucht, bis ih n herbrocht hon. Is ah s ersti und s leßtimol gschechn, daß ih an Norn ins Nornhaus führ!"

„Na also, wo haben Sie ihn denn?" frogg da Direkta.

„Do gleih danebn in Wirtshaus", moant da Biaderl. „Hiaz schloft er grod, weil er a wenk an Wein hot trunkn, hiaz war er grod guat herpockn."

„Ist er renitent?" frogg der Direkta, „ich meine, ob er widersetzlich ist?"

„Nau ih glaubs", sogg da Biaderl, „bsunders won er grod sein Einbildung hot."

„Was hat er denn für eine?"

„Jo er bildt sih ein, daß er da Wastl in Egg war. Der bin ih. Und wan er grod sein Sturm hot, da woaß er nix davon, daß er da Fronz Biaderl ist, do schreit er schreckbor um, er wa da Wastl in Egg."

„Na na, das kennen wir schon!" sogg da Nornhaus-Direkta.

„As is a traurigi Soch mit a so an Menschen", moant da Biaderl.

„Wollen ihn gleich holen lassen", sogg da Direkta. Nau, und aftn sein holt eahner a por hondfesti

Klachl ins Wirtshaus mit, hob an Wastl in Egg herpockt und ohni Umständ ins Nornhaus zart.

Da Wastl wird munter und wiar er wohrnimbb, wos mit eahm gschiacht, hebb er on, schlogg mit Händ und Füaß umadum und schreit: „Ins Nornhaus wöllns mih? Mih? Ich bin jo da Rechti nit, ih bin jo da Wastl in Egg, Sebastian Eggsteiner schreib ih mih, der ondri ist der Rechti. Ih bin jo doh ka Nor nit!"

„Dos sagt ein jeder", gebns drauf Ontwort. Da Wastl in Egg wird in die Kommer gsteßn, die Tür hinta eahm zua — aufghebb is er.

In ondern Tog kimbb da Fronz Biaderl hoam af Grobnboch. D Leut schreckn sih, wias sechn, daß da Nor wieda do is. Da Biaderl, wiar er ban Gmoanomt vabei geht, ruaft ban Fenster eini: „Guatn Tog, Herr Buagamoasta! An schön Gruaß von Wastl in Egg. Wo er is, frogst? Ha ha! — An guatn Rot, wonst onnahmst va mir. Wanst wieder amol Lust host, an Norn ins Irrnhaus führn z loßn, sa schick an gscheitern Begleiter mit oder an dümern Norn."

Wia mei Rotkröpfl sein Geist aufgebn hot

Vöglfonga bin ih koana. Und denah gfollt ma däs gfedadi (gefiederte) Völkerl so guat. — Daß s üba mei Haus fliagn und in Wold aussi und daß s koani Stiefl ztretn, wan s insAuslond roasn, zwegn den bin ih eahna nit neidi, zwegn den richt ih koani Follan auf; und daß is s eper in an eisnas Gader einspirad, se tat ih scha gor nit — für wos hätn s dann d Flügn? Wos koani Flügn hot, wos schleicht, as wiar a Fuchs, wos kriacht, as wiar a Wurn — däs sul mar einspirn, wult ih moan.

Ih, wan ih Vögerla will sechn und hörn, so geh ih holt aussi auf d Weid; mei Voglsteign is di gonz Welt, und du konst ma gor kan Vogl nena, den ih nit in mei Steign hät.

Ober imeramol häst doh auf mein kloan Fenstabankl so a Vögerl sechn kinen, a Rotkröpfl — se nämlichi, va den ih da heunt wos dazähln will. Dazähln, wias is gwen und wias wul öfta mog sein, wan da Mensch Augn hät dafür.

s muaß long schon umanondagflogn sein in mein Hof; aufn Bam vor mein Haus is s oft gsessn und hot ma zuagschaut ban Hulzkliabn und Graßhokn (Reisighacken). Aft hot s mar imer a Liadl vogsunga — se Liadl hot mih ollamol gmaunt auf se Diandl, däs ah so schön singa kon und däs ah a rots Kröpfl hot, wias Vögerl auf n Bam.

Aft hon ih gern Brotbröserler und Hobakörndler auf s Fensta glegt, und in da Früa, wiar ih munta worn bin und d Sun aufgongen is, steht s Rotkröpfl schon auf n Fenstabankl, singt, daß in Gortn völli olli Bloaman und Rosan munta worn sein und daß mei Bluat grechn zan tonzn onghebt hot, va lauta Lustigkeit — so, und aft beckts die Bröserler und die Körndler auf, und wias fiati is damit, beckts noh a wenk auf die Glosscheibn, wia won s a sih bedonkn wullt ba mir; ih moan, wan ih s Fenster aufgmocht hät, s war einagflogn zu mir ins Beterl und umaghupft auf da Hüll — mei Vögerl! —

So hobn mas in gonzn Suma triebn; ober eh s noh da Hiabst is keman, is s onderscht worn.

Za Baschtlmei (am St.-Bartholomäus-Tage) wars. A hoaßa Tog is gwen und auf d Nocht, wias finsta worn is, hots zan Himlazn (Blitzen) und zan Dunern onghebt, daß a Graus is gwen. Drauf mochts auf oamol an Schepera (schmetternden Krach), daß ih gmoant hon, d Weltkugl springt mitn ausanonder und aft — is s still gwen. s Monscher is aufgongan; ih hon noh meini Brosan (Brosamen) und Körndler auf s Fensta glegt und bi schlofn gonga.

Ober in noan (andern) Tog drauf, wie d Sun aufgeht, kimt mei Rotkröpfl nit aufs Fenstabankl wia sist, und die Brosan bleibn liegn bis Mittog. Ih denk noh: Nau, wo is dan heunt mei Vögerl? s wird doh nit scha fuatgflogn sein, häts ma lacht doh auf n Glosscheiberl noh a Bfiat dih Gott gsogt. Leicht is s bidln (brautwerben) gonga, denk ih mah, und auf d Leßt bringts a jungs

Weiberl hoam, daß n fürn Winta nit kolt und nit die Zeit lonk wird; kon sein, daß ih s ah a so moch.

In der Roatin (in diesem Denken) geh ih Nomittog Fuadamahn. Wiar ih oba zan Bam kim und d Sengs wetzn will, wos siach ih do z Füaßn? Mei Rotkröpfl siach ih lign aufn grean Wosn, üba und üba star, s Köpfl inta sih drein und die Kramperla no um a Bamzweigl ghaglt, as wia wan däs obn brochn war und s Vögerl koani Flügn ghobt hät zan Davonfliagn. — Wiar ih ober auf n Bam auffi schau, mei, do siach ih s, wias hergongen is, a gonzi Spoltn Hulz hot s aussa grissn ghobt — in Bam hot in da nachst Nocht da Blitz eingschlogn.

Du orms Vögerl du, denk ih, wia kentst du dih dawihrn vorn gewoltign Blitz! du bist mei liabasts Tierl gwen; wos ih da gebn hon, se zohlt sih nit aus, daß ma redt davon, du host ma vielmächti mehr Freud gmocht; mei Diandl host ah kent und ih moan, wan ih s scha gheirat hät, du warst noh auf d Hohzat mitgflogn. Oba nau, weils nit sei hot deafn, weil s d so gah dein Geist aufgebn host müassn, so will ih dih ah christlih begrobn! — Drauf, wiar ih mih buk zu mein Vögerl — Bua, wos hon ih doh gsechn? A gonza Schipl Käfa is umaglafn ums toti Tierl, und die Käfa hobn grobn in der Erdn; gleim (nahe) nebn an Leicherl hobn s a tiafs Loch gmocht, bis s Rotkröpfl ins se einikuglt is. Daweil is nebn an Bam a Glocknbleamerl gstondn, und däs hot ollaweil gschuadlt (geschaukelt) und gschuadlt, as wia wan s läutn wult zan Begräbnuß, und a kuhlschworza Weifolter is daher gflogn und hot sih grod nebn an Glocknbleamerl und nebn an Graberl auf an Grosholm gsetzt.

Nochha, wias Vögerl glegn is intn in sein tiafn Bet, sein die Käfa her und hobn s zuagmocht — und hiazt wa mei Rotkröpfl begrobn. Die Käfa sein sih valafn in Gros, s Glocknbleamerl hot zan Läutn aufghört und da schworz Weifolter is longsum davon gflederazt umi üba d Wiesn und eini in Wold. — Grod ih bin noh long gstondn ban Grob und hon ma denkt, wias dan doh sein mog af da Welt, s lustigast Vögerl in Lüftn muaß oba, und sogor in Sond die Käfa wissns, wo s hinghört.

Hiazt schlofts. Ober ih denk — und ih bitt enk, loßts ma den Glaubn! — ih denk, mei Vögerl wird wieda munta.

Wia da Baur Gschichtn dazählt

Wan s d schön Fried gibst, Bua, und auf n Spon schaust, daß ma zan Spina sechn, so dazähl ih die Gschicht von noan Schneida.

Is amol a Kini gwen und der hot a mudlsaubas Töchterl ghobbt. Sei Hauptstodt is so groß gwen, daß da best Husar an gonzn Tog und a gonzi Nocht reitn hot müassn, bis er um d Stodt umikemen is; aft kint s enk scha denkn, wos däs für a Stodt gwen sei muaß. Und olli Leut, de drein warn, hobn in Kini gor gern ghobt und die Prinzhessin noh liaba. Se war olls guat, oba s is wos Schlechts ah gwen. In da Nahand va da Stodt auf an hochn Berg is a mentisches Gschloß gstondn, und do sein drei Riesn kemen und hobn gwohnt in den großn Gschloß.

Die drei Riesn sein olli Freider (Freitag) amol in d Stodt gonga — zwegn da Kost — oba nit zan Bäkn, zan Fleischhocker a nit. — Se hobs scha bessa vastondn: a por Dutzad Leutl hobn si in da Gschwindigkeit auf da Gossn zsomgfongt und in Sock gsteckt zan a Kost — oba sist hobn s neamt nix ton! — Däs war a großi Not in da Stodt; die rothosadn Soldotn hobn zwor lonki Spiaß ghobt und höllaschi Sabel, hobn oba nix gschofft mit n drei bamstorkn Riesn. Und d Leut hobn nit gwißt, wos onstelln sultn. Da Kini hot ausruafn lossn: „A Truchnvull Dugotn für den, der die drei Riesn umbringt!“ Se hot nix ghulfn — s hot sih neamt traut. Aft hot da Kini ausruafn lossn: „s holb Kinireich für den, der die drei Riesn umbringt!“ — Hot nix ghulfn. Loßt da Kini noh amol sogn: „Wer ma die drei Riesn umbringt und is s wer da wöll — da se kriagt mei Tochta, die Prinzhessin, und s gonzi Lond dazua mitzomt n rothosadn Soldotn und da Geldmochaschmiettn!“

Se hot sih scha sogn lossn; a schöni Prinzhessin und s gonzi Lond dazua mit n rothosadn Soldotn und da Geldmochaschmiettn kon ma nit olli Tog hobn, gelt Bua!

Oba na, gnutzt hots nix; s hot sih holt neamt traut. — „Se muaß a Größera sein, wia mir“, hobn d Leut gsagt, „sist därf er s nit wogn.“ Guat. Do hot in da nämlin Stodt a Schneiderl glebt; a bluatoama Teufl, ober a gscheidta Kampl, topfer und lusti, is olli Tog a pormol durch sei Nodlöhr ghupft. Amol hot der Schneida die Prinzhessin in Gortn spozirn gehn gsechn und sid dera Zeit hot n olli Nocht von ihr tramt. — Du, dih kriag ih noh! hot er eahm denkt, wiar er in drittn Aufruaf von Kini glesn hot, dih und s gonzi Lond mitzomt n rothosadn Soldotn und da Geldmochaschmiettn — und hiaz geh ih und würg die drei Riesn oh! Na, du warst ma da Rechti dazua! glongst nit amol zu die Knia auffi, wans deahner a Hosn onmessn wultst.

Daß ih s Maul nit zfrüa aufmoch!

Er geht lusti aus da Stodt und n Riesngschloß zua. Intawegn hot er an Vogl gfongt und hot n in Sock gsteckt — ma kon nit wissn, zu wos er guat is. A fauli Ruabn hot er ah gfunden; hot s ah eingsteckt —

kon nit wissn, zu wos s guat is! So is er hinkema zan Riesngschloß.

Grod vor n Gschloß is a Kerschbam gstondn, und richti, do war va die drei Großn oaner obn. — Da Schneida wünscht an schön guatn Morgn, frogt, wo die Kerschn scha zeiti san, und dös wa noh völli zfrüa, er glaubad s nit.

„Na“, brumelt da Ries, „wan s d as sist nit glaubst, du kloana Kneiffl, du misrabla, so steig auffer und schau selba!“

„Däs därfst ma nit zwoamol sogn“, moant da Schneider und stiegt auffi auf n sebin Ost, wo da Ries steht und kronzt (klettert) gonz aussi afs Ort (bis zum Rand), wiar a Spotz. Zeiti sein s gwen, se Sochn wa richti; oba wiar er do grod recht ins Essn einikimt, hupft da Ries v sein Ost owi; da se schnellt auf d Höch und schnellt in kloan Schneider üba n Bam übri, daß er gach auf der oan Seitn auf n grean Wosn gstondn is.

Se war in Riesn völli zviel — kon dan der fliagn?

„Jo, dös kon ih freilih!“ moant da Schneida — „däs is jo a so ka Kunst; steig nur auffi noh amol auf d Höch und hupf übri üba n Wipfl, s wird schon ah gehn!“ Se war a Hauptsoch — denkt eahm da Ries, steigt auffi, will übrihupfn, straucht owi, kimt mit sein großn Kopf grod in a Zwiesl eini und bleibt henkn. — „Oana wa scha hin!“ denkt eahm da Schneida und geht in Gortn eini, wo die ondern zwen sein. De hobn grod Stoan gworfn, und die größten Trüma hobn s aussigsumst und so stork, daß die sebin tiaf in d Erdn einigschlogn hobn.

Jo, stork wern s hasn sein, se moan ih völli! denkt eahm da Schneida, aftn schleicht er hin zu die Riesn und sogt, wias as sih ghört: „Na, Vetan, loßts s na Zeit; ees seids scha tüchti ban Gschäft! Oba“ — redt er weita — „ees seids jo nix wert und hobts ka Kroft! Do wirf ih viel weita!“

„Du, daß d s Maul nit zfrüa aufmochst, kloani Wexn!“ brumelt a Ries — „geh wirf holt amol — müassn s doh sechn!“

Da Schneida hebt an Stoan auf, ziacht daweil oba sei Vögerl aus n Sock, schwingt di Hond und loßt s aussifliagn — lusti fuat, daß ma s gleih neama gsechn hot. „So müaßts es mochn!“ sogt da Schneida; „wan ma doh amol an Stoan aussi schmeißt, so därf er gor nit mehr auf d Erdn niedafolln; sist loßt man liaba gleih liegn.“

D Riesn hobn richti gmoant, s is a Stoan gwen, wos da Schneida aussi gworfn hot, hobn selber ah probiert und mit kloani Stoan, hobn s dena nit zwegn brocht. Oba wos onders hobn s zwegn brocht; se is ah gmua gwen! Wieder an Stoan hot oana aufklaubt und hot n in da Hond zdruckt zan an letin Mehl. Se war viel, oba da Schneida hot gsogt, er kunts noh bessa. — Däs wern ma scha sechn! Er hebt ah an Stoan auf, nimt oba hoamlih di faul Ruabn in d Faust und druckt s zsom, daß die gelb Supn durch die Finga rint. „Saggerawold nohamol!“ moant oan Ries zan noan, „mir hobn in Stoan grod zan Mehl gmocht, der preßt gleih in Most aussa! Wos is dan der kloani Bauxl für a Mensch?“

— s is eahna da Schiach ongonga von eahm und erst recht, wia da Schneida um d Nochthiaber ongholtn hot. Oba gholtn hobn s n, und hobn an in a finsteri Stubn auffibrocht auf a Bet und hobn eahna denkt: der kunt unsa Herr wern; oana von uns is eh scha hin wegna seina — wort na, mir daschlogn dih ba da Nocht!

Se hot da Schneida wul gspont, daß mit eahm wos in Sin hobn kuntn; er hot a Strohmandl gmocht, hot s mit sein Gwond onglegt und so hot er s ins Bet einiton. Er selba is intas Bet einigschloffn. Steht nit long on, keman ba da Nocht die zwen mit an Liacht und mit an saggerischn Prügl.

„Er schloft scha", hobn s gsogt, wie s in Bet s Strohmandl sechn. Aft hobn s holt ongfongt und hobn a gonzi holbi Stund drauf zuaghaut, bis oana sogt: „Hiazt is scha gmua; er riglt sih neamer und is scha gonz broat — is guat hin!" Aftn sein die zwen wieda fuat.

No is da Schneida erst va sein Winkl aussa gschloffn und hot sih zan eahm selber ins Bet einiglegt.

In noan Tog steht er in olla Früa auf, legt sei ohdroschns Gwond on, geht zu die Riesn und wünscht an schön guatn Morgn.

Auf däs warn die zwen gonz daschrockn: „Hiazt hobn ma n so lang ohgschlogn und er is doh wieda do; is dan däs a Ganggerl (Teufel)?"

„Na", frogt af d Leßt oana, „wia host dan gschlofn heunt Nocht?"

„Donk da Frog", sogt da Schneida, „recht guat, ober a wenk Flöh hon ih gspürt."

Se war in zwen Riesn scha zviel: „Hobn ma zuaghaut, wos ma gmöcht hobn und er sogt, Flöh hät er gspürt!“

„Du Bruada, däs is unsa Herr!“ hot auf oanmol oana zan ondern gsogt, „fohrn mar o!“ — Fuart sein s und sid dera Zeit hot mar in gonzn Lond koan Riesn meh gsechn.

Guat. Da Schneida geht hoam in sei Stodt, heirat't die mudlsauba Prinzhessin, kriagt s gonzi Lond mitzomt n rothosadn Soldotn und da Geldmocherschmiettn, und wan er nit gstorbn is, lebt er heunt noh!

Die zwoa Henerla

Ban Lerchner in Hof, auf n Misthaufn, der nebn an Bruntrog is, sitzn zwoa jungi Henerla (Hühnchen). Grod drüba hoch in da Himelsluft schwimt a Heangeir und glonzt in da Sun und mocht an Kroas.

Da Henerl siacht däs und sogt zan noan: „Du, Piperl, hiazt schau amol die se Muckn on, selm obn; ih hät an lonkn Hols, meina Seel, de müaßad ih hobn zan a Jausn."

s oan locht und sogt: „Schomst dih nit, so a Viecherl is so zan Kraut zwenk; wan s d koan größan Mogn host, so bind da n Hols liaba zua!"

s oan Henerl guckt mit oan Aug noh ollaweil auf d Hech und moant: „Du, Piperl, red nit so gschwulln, d Muckn wird ollaweil größer, ih wia hasn gfulgn (beinahe ausreichen) damit."

„Nix do, du Vielfroß", schreit s oan, „wan s du s kriagst, gibst mir ah wos davon, sist rupf ih da d Federn aus, zsomt n Schwonz, se sog ih da!" —

Jo, wos is s gwen? Daweil hot da Geir in da Luft ollaweil um und um tonzt, so daß d Henerla, d n zuagschaut hobn, völli damisch worn sein, und auf oanmol bleibt er stehn und schiaßt schnurgrod nieder auf d Henerler und pockt s mit seini Kralln und rupft s und vaspeist s ollzwoa zan a Jausn! — Roat (sinne) noch a wenk, leicht denkst auf, wos ih moan damit; s is ka Kloanigkeit und ih sog nix meh!

Der olt Olmhiasl und wos er von Prinz Johanfest dazählt

Der olt Hiasl — do bin ih. — Einalossn hot ma mih nit wölln! — Und ih möcht enks gern sogn, wias selm is zuagongen in da Grazastodt.

Däs Graz, hiazt, däs Graz! So fürnehm und so lusti dabei hon ih s noh nia gsechn. Ja, grod a so, as wia wan a Dirndl ihrn Schotz long muaß grotn (entbehren), und af oanmol gsiachts n wieda. Wia sie sih zsomwixt! wia sie sih aufputzt! — Greani Kranz überall in da gonzn Stodt! Und erst däs Fahnawerch! Olli Kirchan in gonzn Lond hobn nit so viel Fahner, as wiar ih do z Graz hon gsechn. Von an iadn Haus hot a so an ends Fetzn oahagwachlt — moast weiß wia da Winter und grean wia da Suma. Moast weiß wia die Gletscher am Dachstoan und grean wia da Weingort in Untalond. Moast weiß wia d Freud, daß mir an Prinzn Johan hobn ghobt, und grean as wia d Hoffnung, daß mirs so weit bringen, wias da Johan hot hobn wölln. — Und af d Nocht, wias finster is worn, de Losta Liachta! Gwesn is s grod, as wia wan die Grazastodt mit hunderttausend Augn in Prinzn Johan sein Denkbild entgegn lochn tat — jo. Oba der is namlawul dogstondn mittn afn Plotz und hot a grawi Kutn onghobt, as wia wan er sih nit ehanta wult aufzoagn, as bis olli do warn, seine Steira. Und da Vetta sult jo a kema va Wean. Do derf er freilih die Kutn nit wegwerfn, daß sei neugs Gwandl nit eper ehanta staubi tat wern — jo.

Na, und wia d Leut holt zsomkema sein, daß ma hell gmoant hot, die Grazastodt wird z kloan, do sein mas holt nochher ongonga. Was däs für a Leuthaufn gwesn is! Glabn tuats ka Mensch! Oba durchi grafft hon ih mih. Sar oft und sar oft bin ih mitn Prinz Johan die Berg ohgstiegn und hobn olls ausgredt ollzwen, hot mar oans ums ondri ongsogt, daß ih s weitabrocht hon in meina Wirtschoft — und d Orbat ja, de hot er da vastondn, wia da gscheitast Baur! Derawegn, durchi muaß ih und dabei sein muaß ih, wans eahm in grabn Montl wern ausziachn. Und mein Kaisa, der heint dabei is, den möcht ih wuhl ah amol sechn — so. — Schauts, und wiar ih mih einigoarbadt hon, daß ih hasn gstondn war aufn rechtn Plotz, wo holt die hochn Herrschoftn banonda sein gwen, wo s gsunga hobn und musiziert, und trumelt, daß s na hot gellt — do rent a so a Herr mit an schworzn Schwolbnschwonz daher: ih sull aussi, ih kehrat nit eini! — Wegn wos dan nit, sog ih, ih bin ja a Steira! Hät oba kan schworzn Rock on, moant er — kunt mih nit einilossn. — Wos? sog ih, va wegn an schwozn Rock do? Schworzn Rock hon i freili nit, dafür hon ihn weißn long trogn, sog ih, spiel on aufs Soldotenlebn, wo mar ehanta die weißn Röck hot trogn. — War olls recht, sogt er drauf, oba Hondscha, Hondscha! — Hondscha sull ih onhobn? jo, wegn wos dan? Fürs erst is s heint ka Brösl nix kolt; fürs zweit is s für koan Menschn a Schond, wan er a Hond hot, auf der mar an Orbat gspürt, und fürs drit hot unsa Prinz

Johan de Hond oft und oft druckt — hot e r koan und hon i h koan Hondscha braucht, jo. — Ober a u s s i schumeln (drängen) hot er mih wölln! Und so weh hot mir däs ton, daß s mih hiazt weckdränga wölln von mein Prinz Johan sein Denkbild, wegn den ih so weit bi herkema, daß ih n an Olmbleamerl hät hinglegt afn stoanan Staffel. — Do steht weiter entn untan Doch a rothosada Mon, der nimts lacht wohr, wia da Schwolbnschwonzladi und ih mitanonda wartln; er mocht an kloan Winka: ih sult na dina bleibn und sullt mih schön zuwistelln zu die Staffel. — Leut, do is mar a Stoan von Herzen gfolln, und wiar ih frog, wer er dan is, da se Herr mit da rotn Hosn und n grean Fedabuschn — do hon ih gmoant, in Ruckn folln muaß ih auf da Stell. Wer is s gwen? Da Kaisa selber is s gwen! Der hots gsogt: Wan da Prinz Johan ba Lebzeitn scha koan Untaschied hät gmocht zwischn Stodthern und Baursmenschn, so sull ah vor sein Denkmal koan Untaschied sein.

Und hiazt häts es sechn sulln, wias daher kema sein nochanonda, die Baurn, d Jager und d Hulzknecht, d Werksleut und Holta va da Olm, und an iada hot an Kronz brocht. Oaner aus Kornähren und Feldbloaman gflecht, oaner aus Obst und Weintraubn, oaner aus Edelweiß und Olmrausch — jo. Und gor die Tirula sein do — ends Leut her in eahna saubern Trocht. Eahna ghört er ah, da Johan, und so sein s ah kema zu sein Ehrntog auf Graz. Und gmusiziert hobns, daß na gleih hot klungan in Häusern um und um, und singen und jodln kina de Leut — i sog enks, daß schon a Passion is! Mir steirischn Baurn hobn ins gleih zu die Tirula gmocht und hobn gor neamer aus-anonda gehn wölln. —

Jo, und daß i dazähl. Wia mar a so dastehn — bums! do krochn aufn Gschloßberg auf oanmol die Kanonen, und da Montl follt weck — und hiazt — Leut — hiazt stehts Denkmol do.

— In den Augnblick — ih woaß nit, wia ma gwesn is. Glonzt hots nar olls in da Sun, und wiar ih auf-schau, wer dan steht obn auf da Höch? Jo, jo, er is s! er is s scha! — Prinz Johan! Du liaba, du saggrischa Mon! grüaß dih zu tausndmol Gott! —

Hiazt hobn ma s niedaglegt, unseri Kranz, as wia vor an Oltor. Dabei hobn d Steira s Hoch von Doch-stoanliad gsungan . . . do hon ih hell gmoant, ih war in Himel. Jo, und in Kaiser selba hobn d Augn glonzt, wiar er de Procht hot gsechn, und wia donkbor daß da Steira kon sein. Und die liab, die olt Frau häts suln onschaun, in Johan sei Gemolin — die Tropfn sein ihr na grod va die Augn kuglt — wia s n wieda gsiacht — aus Erz goussn — ihren Erzherzog.

Jo. Drauf sein ma holt gonga s Denkmol besichtinga. Da Kaisa voraus und mir olli hint noch. Mitn hoch obn steht da Prinz. Heruntn aufn Eckn sitzn vier Frauna, oani schöna wia d ona. Schöne Weibaleut hot mar überoll gern dabei — oba die vier bedeutn extra wos, bedeutn die vier großn Wasser in Steiralond. Amol d Enns, de durchs Gamsgebirg rauscht, und wo in Berg s Eisn wochst. D Mur, de durch frucht-bori Kornfelda rint und mitn durchs schöni Graz. Die Drau, de scha Schiffa kon trogn zwischen an Weinbergn hin. Die Sann, de aus da Wildnuß kimt, hell und klor durch Obstgärtn rint. — Jo, und ban an iada va de Figurn is a frischa Brun — do kon da Steira Gsundheit trinkn, sar oft er will, vorn Prinz Johan sein Denkbild.

Jo. Und af d Nocht sein ma zsomkeman in Wirtshaus. Do sein die steirischn Singer, in an iader Eck spielt a Banda, d Olmbrüada sein dabei gwen — ja, scha kreuzlusti gehts zua! — Nau, weils mih zu Mittag mit mein Lodnrock nit hobn wölln zuwilossn, sa denk ih auf d Nocht: legst an schworzn Rock on — jo. Oba klewa daß ih sauba zsomgstatzt zu da Tür herkim, steht oana do — über und über in steirischn Gwond — der ziacht mih a wenk auf d Seitn und sogt: Mir hobn heint a Vulksfest und as war ins wull liaba, wonst n schworzn Rock wektast.

I schau n on, kimt mir auf oanmol die Goll. — Vadonkt! sog ih, ban Tog hobn s mih nit einilossn wölln, weil ih an Baurnrock anghobt hon, und hiazt ba da Nocht wölln s mih wieda nit einilossn, weil ih in Stodtrock kim. Und dos is a Vulksfest? Da Prinz Johan hot n Stodtrock, oda s Steiragwond, oder in Herzogsmontl onhobn kina, unter an iadn Tuach is er da bravi Mon bliebn!

Jo, jo, jo, sogt da Türwogl, geh nur eini und sei lusti.

Dos dur ih ah! sog ih. s Lustisein loß i ma schon long nit wihrn, und heint scha gor nit. Aufgspielt, Musikantn! An Steirischn zohl ih!

Aftn is s ongonga. Ober a kloans Gfahlt hots ghobt, daß in Prinzn Johan z Ehrn nit grafft is worn. Jo.

Die rot Federn

Die Knulnbocher Baurn hobn olli Johr in Egiditog af der Olm eahnern Viechmorkt. Nau, do kemens holt oll zsom, die Baurn, die Bäurinen, die Knecht und d Mentscha, d Holder und d Hulzleut von oubn und untn, nau, und Küah und Ouchsn und Kälber gibbs ah, ba den Viechmorkt.

Af an schön broadn Onga wird er ohgholtn, und do sein Stand aufgricht't, Kromastand, Leezeltnastand, Schuaster und Huadera sein do, Zwetschbnkroma, Trinkhütan — kurzum, a ferma Kirta.

Der Ulrich-Wirt z Knulnboch loßt za den Viechmorkt olli Johr a por Fasser Äpfelmost auffiwolgn af d Olm, a Bretahütn aufrichtn und schenkt — Wein aus. Wan d Sun recht worm scheint und d Leut schwitzn und dursti wern, do hot er an guatn Wein, der Ulrich-Wirt; wann s n ohne Durst trinkn, do sogns, as war an ongschnopster Äpfelmoust.

Und amol, do is der Ulrich-Wirt wieder oubn af der Olm in seina Weinhütn, mocht sih gschaffti und af sei Kappel hot er a lonki, krumpi, brinroti Federn aufgsteckt. Ob er an Paradeisvougl in Schwanz ausgrissn hät? schreit da Huadera übera va sein Stond. Der Ulrich-Wirt schupft d Ochsel: „Dabormst ma, Huadera, wanst nit amol woaßt, wos a roti Federn bedeut't, heintzutog!“ Weils in Ochtavierzga-Johr is gwen, und d Freiheit! Daß der Ulrich-Wirt a Mon der Freiheit ist, d ö s bedeut't die brinroti Federn af sein Kappel.

Ober ehs nouh d Leut zsomkemen aufn Viechmorkt, schiabb (eilt) da Noglschmied-Haschtl daher, draht sih a pormol in da Weinhütn um und um, und fleantschlt (flüstert) in Ulrich-Wirt ins Ohrwaschl: „Du Schwoga, dei Federn reiß dar aus, dei roti, von Kappel tuas owa. Ih hons ghört, wia sih d Leut untn in Dorf zsomgredt hobn, ba da rotn Federn sauffadns heint nix, da Rotfederadi war a Neumoudischer, und a Spitzbua, wer den a Glasl Gsüff ohkaffad."

Sapperadih! denkt eahm der Ulrich-Wirt, vorn Gschäft muaß d Freiheit zruggstehn! Und reißt d Federn von Kappel.

Daweil hobn weiter umi (hinüber) übern Onga die Kromerleut auspockt, und gonz ban Egg entn, grad unta da Wettafeichtn, hot da Hirschn-Wirt va Kirchleitn sei Wirtshaus aufgricht't. Däs racht in Ulrich-Wirt in d Nosn, scha damasch rachts eahm auffi. Zwoa Wirtshäuser af der Olm, is um oans zviel, s Recht hot da Ulrich-Wirt alloan und af da Olm gilts nouh nit, d Freiheit.

Weils ober an ohdrahta Strick is, der Ulrich-Wirt, sa stupft er in Noglschmied mitn Elbogn und fleantschlt: „Du Haschtl, woaßt wos? A Moß zohl ih. Do host die rot Federn, geh umi zan Hirschn-Wirt und henk eahms on; der is dum gmua, daß er eahms afn Huat steckt."

„Gilt scha, Schwoga", sogg da Noglschmied, „däs bring ih zwegn." Pockt die rot Federn und huscht durch Leut und Viech durchi bis za da Wettafeichtn.

Da Hirschn-Wirt kent in Noglschmied va da Schul her und gfreutn, daß er heint a Seidl ban eahm trinkt. „An Guatn host!“ sogg da Noglschmied, „der mocht a lindi Gurgl zan joudln. Konst nouh? Woaßt, wia mar ols Schulbuabn afn Pforra-Kougl oubn gsungen und gjuchazt hobn? Geh, probir mas, leicht gehts heint ah nouh!“ D Händ legns oanonder um an Hols und in „Festzsomdrahtn“ joudlns, daß es nar olls hollat owi in Grobn. Jo, und daweil da Noglschmied sein Orm um an ondern sei Gnack legg, woaß er eahm die rot Federn afn Huat zsteckn, ohni daß s da Hirschn-Wirt wohrnimbb. Und gleih drauf moant er, umschaun müad er sih afn Morkt, a Kolmkua wult er kaffn. Und loanelt weiter und locht sih hoamler in Kroupf vul.

Und hiaz, wia die Baurn sechn, da Hirschn-Wirt hot a rot Federn afn Huat, drahn sie sih stad weck va seiner Hütn, mit an Neumodischn wöllns nix ztoan hobn. Und ziachn sih umi zan Ulrich-Wirt, der in da Gschwindigkeit nit amol gmua Gläser hot. Sechs Händ kunt er brauchn zan Einschenkn. Und dabei schiaglt (schielt) er umi gegn an Hirschn-Wirt unta da Wettafeichtn, wia daselbi gonz alloan dosteht mit da lonkn, krumpn, brinrotn Federn afn Huat, und nit woaß, wos dös bedeutn sull, daß af amol olls von eahm weck und in Ulrich-Wirt zuarent.

Af oamol hört ma von Wold ausser a Klaranet und a Woldhörndl ludlazn (trillern) und a gonza Schouk durstiga Hondwerchsburschn va Luibn auffa kimbb daher, oana lustiger und bumlwitziga wia der ondri, weil Blow-Monter (Blau-Montag) ist.

„Hallo!“ schreins, wias in Wirt mit da rotn Federn sechn. „Sogor oana va da Freiheit is do herobn af der Olm. Vivat! bei dem kehrn mar ein!“ — und na zuwi oll mitanond unter d Wetterfeichtn, und „Wein her! Wein her! Freiheitsheld, sulst lebn, Vivat!“

Die Baurn hörn va weitn a weil a sou zua, aftn schleichns noch und noch daher von olln Seitn und schaun eahna den Gspoaß on und lossn eahner ah wos einschenkn ba da Wettafeichtn. Wan er ah die rot Federn aufhot, da Hirsch, sei Wein is douh guat! Und hiaz wern in Hirschn-Wirt die Gläser zwenk und d Händ ah, und der Ulrich-Wirt selm entn steht alloan und schaut afs Wettafeichtn-Wirtshaus umi und as wirdn gonz übel va lauta Gift und Goll. Und wia n da wildi Zorn ins Herz steigg, springg er afn Tisch und schreit überi: „Do her, do her, do is da Freiheitsmon, m e i n ghört die rot Federn und nit in Hirschn! mein ghörts, i h bin da Freiheitsmon, do kembs her!“ — Mitn Fuaß stompft er, do bricht der Tisch ein und der Ulrich-Wirt blumst owi.

Da Noglschmied hilftn wul gschwind wieder af d Höch, kons oba nit lossn, afs schöne Sprichwort onzspieln: „Wer an andern a Gruabn grobb“ — na, wißts as jo eh.

„Höllsaggra, du Folscha!“ fluachtn der Ulrich-Wirt zua, „frei a Foutzn (Ohrfeige) möcht ih da gebn!“

„Gib da selber oani, Schwoga“, sogg da Noglschmied, „ih hon ausgricht’t, wos d ma du gschofft host. Heint kimbb da neambb meh. Pock liaba zsom, aft gehn mar ollzwen zan Feichtn-Wirtshaus umi und holtn a mit.“

D Mur

D Mur is a Solzburgerin, ober in Steirischn is s aufzücht (erzogen) worn. Sie kon so guat obasteirisch wiar unseroana, lauft schön ruasam zwischen Troadfeldern daher, seist (schwätzt) nit viel und is dabei so gscheid, wia wan s gstudiert hät.

Von Luibn (Leoben) bis Bruck sein mir amol mitononda gonga. Sie hot so viel schön kloanweis drongsungen und ongschaut hot s mih so liacht und offnherzi, daß ih ihr bis auf n Bodn in d Seel einigsehn hon, wia mein bestn Freund z Luibn, wan er sein grantin Tog nit hot.

Ih hon s nit lossn mögn, und hon s müassn wissn, wo s mit an Mürztoler ah wos redt, und so hon ih s holt gfrogt:

„Grüaß dih Gott, Mur, gehn ma mitanonda?"

„Jo, is recht", moant s, „wo gehst dan du hin?"

„Hoam in s Mürztol, bin va der Olm owa. Und wia weit gehst du? verlaub z frogn."

„Jo, mei Kind, ih moch a weiti Roas, und kim klewa (kaum) meh zruck. No, zerst geh ih auf Graz, so woaßt eh, weil ih fü die Grazer a Brennhulz ba mir hon; däs gib ih o, steig leicht gor a wenkerl aufn Gschloßberg auffi, wan eper a durstiga Feurwochter obn wa — und aft geh ih wieda mein Weg weita bis Ungarn. Doscht woat mei Schwester, die Drau, auf mih und mir gehn mitanonda. s is a longweiliga Weg durchs Krowotnlond, derawegn setzn mir uns tiaf in Ungarn unt auf die Doana. Aft geht s scha besser und mir kemen in s schworz Mir aussi, schaun uns Konstantinopel on; wölln an Türkn sechn. Weita fohrn mir aussi gegn Kriachnlond, wo die siebn Gscheidtn glebt hobn und da longfingerad Pariserl die schön Lenerl gschnipft hot. Hiazt sein die kriachischn Leut neama so gscheidt wiar eh, muaßt wissn, und mir holtn uns ah nit long auf ba se, mir drahn uns gegn Ägiptn owi, woaßt, wo die ägiptisch Finstanuß dafundn worn is. Doscht schliafn ma durchn Suezkanal lusti ins roti Mir eini. In Mokka holtn mir a bißl auf und trinkn an Kaffee. Aft na wieda weiter und weiter ins Lond, wo da Pfeffa wochst. De Hitz, de s hoben wird! Ih nim zwor a frisches Wossa mit vo dahoam, oba selm wirds gwiß schon ganz low (lau) sein, und s Mir, hon ih ghört, is noh recht zwida dazua und vasolzt oan s Lebn. Ober ollaweil daurt s Elend nit auf da Welt. s wird die Zeit kemen und s wird an Engl nieda steign in s weiti, wildstürmischi Mir, wird mih aussahebn, wird mih hoch gegn Himel trogn, mir a graws Joperl onlegn, und wird ma weißi Flügerla gebn, wiar a Taubn. Aft, mei liaba Mürztola, fliag ih wieda lusti in mei steirisches Landl hoam, aft bsuach ih dih auf der Olm und ih wiar a Freud hobn, wan ih dih wieda siach! —"

„Ih wiar ah a Freud hobn", sog ih, „ober ih wiar froh sein, wan ih an Regnschirm ba mir hon."

„s se derfad nit schodn", moant d Mur, daweil sein mir in Bruck gwen: doscht grüaßt s mih nohamol, is weiß aufgspritzt und hot sie stad obidraht gegn Graz.

Die Gschicht va die zwölf Hund

Wans d amol in Murbodn und auf Hunzmorkt (Unzmarkt) kimst, so vagiß nit, daß d s olti Gschloß onschaust obn aufn Rigl — s hoaßt Rosnbühl. Da Nom is viel gfreulicha, wia die Gschicht, de sih selm zuatrogn hot.

Host gwiß von den Türkenruml ghört, der vo Zeitn sar iag gwen is und s heili Lond gultn hot.

Wos hot däs für Herrn und Junggselln kost!

Alloan glossn hobn s eahneri Gschlösser und Weiber und Dirndln dahoam und sein fuatgritn auf n hohn Roß mit n broatn Schwert, weit — oh, damisch weit! An iada hot a Kreuz auf der Oxl ghobt, daß sie sih kent hobn und ah, daß s nit vagessn hobn wos s wölln — s heili Lond und s heili Kreuz darobern. Na und gwen is olls fü die Kotz! Schläg hobn s kriagt gleih noch die Notn, und wer s datrogn hot mögn, der hot s hoambrocht, und wer s nit datrogn hot mögn, nur der is liegn bliebn. Um oft monin wor s mentisch Schod!

Nu, und daß ih dazähl, is zu da sebin Zeit ah da Ritta von Rosnbühl auf und fuat mit n Kreuz auf der Oxl. Da se hot sist ah noh a Kreuz ghobt — ih will da s wull sogn, wiar ih s moan, sei Weib wa völli z jung und z sauba für sei Fuatgehn. Aha, hiazt kenst dih schon aus! Und wos ih sog! klewer is da Herr a por Tog fuat, hebt sie mit so an Edlbuabn on — und d Edlbuabn däs san eh ah die Wohrn!

Der Olti rumpelt long guat umanonda daußt; kimt eh neama hoam; nu, und s Gschloß und d Regierin is groß; a Herr muß do sei daweil, se siacht an iada Mensch ein. Und zwe sul da se Herr dahoam, der doh so viel z sorgn und z toan und z schoffn hot — zwe sull er ka Frau hobn? Nu, und wer is dan die rechtmaßi Frau ban Haus? s is eh noh die olt, de noh jung is!

Just schiach wa der Edlbuar ah nit und auf n Rosnbühlagschloß is s zu da sebin Zeit ima recht lusti zuagongen; oan Fresserei um die onder, oan Golstawerch (Bummelwitzigkeit) um die onda. D Frau Ritterin hot sih hisch zsomklaubt dabei, is grechn foast worn. Oba wia die Zeit umikimt, sogt s zan ihrer Komafrau: „Du, ih moan, ba mir hot s wos ontrogn und de Wochn oda die oan (andere) Wochn geht die Zeit aus."

„Selm mochts as na schön gschwind oh", moant die Komafrau, „ih hon sogn hörn, s kamen d Ritta von heilin Lond wieda zruck, auf d Leßt is uicha Herr ah dabei."

„Jo, sei so guat, se wa scha s Wohri!" schreit d Frau Ritterin auf.

Aft hots wul recht Ängstn ghobt, s Weibmentsch — olli Tog kon der Ofn zsomfolln, und olli Tog kon er do sein! Gelt du, wans d es noh nit ton häst! Oba, gschechn is s amol und hiazt sein ma still.

Jo, wan ah m i r still warn — es schrein schon onderi: Z w ö l f kloani Buam sein do. Zwölf auf oanmol? — Ah, däs is lacht doh a Lug! Balei nit, zwölf kloani Buabn!

Sie hot sih holt vasündt. Oba gwen sein s wul oana, wiar a bravi Nußn. Und won er gach ham kimt! Er is a Wildlin!

„Was toan ma, Komafrau?"

„Jo, s gscheita wurd sei, mir schmissn s in Boch, oll zwölf!"

No, so hobn s die kloan Kinda holt zsom eini in an Korb und die Komafrau hot s ba da Nocht in Monschaliacht müassn owitrogn zu da Mur.

Sie is noh nit gonz int üba n Gschloßberg, steht gach da Schimel vor ihr und aufn Schimel sitzt da Gschloßherr.

„He, grüaß enk da Himel, Jungfr, wie gehts, wos mochts noh so spot do, wos hobs in enkan Korb?"

„Un, unsa liaba Herr! Na, so schreckn! Ees hobs ma d Seel völli aus da Haut gsoat", schreit und locht die Komafrau. Ober in da Ghoam (im geheimen) wölln ihr die Knia zsombrechn.

„Wos hobts dan drein in enkan Korb, Jungfr?"

„Na, weils na do seids! Wiar is s enk dan ollaweil gonga?"

„Ih möchts wissn, wos s in Korb hots!" schreit er. Je, wiar er finsta schaut und wia s Roß stompft!

„Ah, s zohlt sih nit aus! jungi Hund hobn ma kriagt und hiazt sein s oll blind, derawegn schmeiß ih s in d Mur."

„Geh, loß schaun, leicht warn doch oaner oder a zwen zbrauchn."

„Balei, mir hobn eh gschaut, s is koana nix wert!"

„—krament! däs will ih sechn, wer s Recht hot! In Korb auf!“ so dunnert da Ritter und rumpelt owa von Roß. Do follt die Komafrau schon auf die Knia, zitert wia a Lämpaschwonz und bringt ka Wörtl mehr aussa. Er reißt n Korb auf, daß olls kragazt — no aft siacht er holt in Kloanbuabnschipl.

Du, däs war a Metn!

Flux hot da Ritta die Komafrau und n Korb ban eahm auf n Roß ghobt, kehrt um und sprengt wieder owi üban Gschloßberg und aussi noch n Murbodn, daß olls himlazt!

Endli noch a por Togn is da Ritta hoamkemen, oba gonz alloan. Er hot nix dagleichn ton, hot gfrogt, wia s olln geht. Sei Weib wa gsund, Gott Lob und Donk! ober ausschaun tuat s völli schmol und bloach. Mei, de Roatin (das Gedenken) und die Grimerei um ihrn Mon, für und on! D Edlbuabn sein lusti wulauf, sist is ah olls ban Zeug.

„Die Komafrau, wo is dan de?“

„Jo, se woaß da liabi Gott, sie hot jungi Hund in d Mur trogn und do is s neama zruckkema.“

„Auf d Leßt is s gor ins Wossa gfolln!“

Da Ritta hot s eh selba gwißt, wo s is; ober er hot die Zeit vagehn lossn und hot johraus johrein nix meh gsagt und dagleichn ton. D Edlbuabn sein noch und noch ah wegkemen und oaner um der onder is zgrund gongan in da Fremd. Die Gschloßherrnleut sein ah scha betogt worn, oba da Ritta hot ollaweil auf die zwölf Buabn denkt — de hot er aufzüchtn lossn daußt in Lond in Gschlössan zu Rittern. So kloan, daß gwen sein, davonkeman sein s oll und saggrischi Wixa sein s worn.

Do stellt da Ritta von Rosnbühl amol a großi Mohlzeit on, loont (ladet) viel Ritter und Grofn ein, no und de zwölf Buabn holt ah. De sein gonz gleich kloadt, so daß ma s völli nit kent hot ausanonda.

Guat. Ba da Tofl dazählt da Rosnbühla viel von Kreuzzug ins heili Lond und oans ums onda; auf d Leßt ah die Gschicht, wia vo Zeitn an Ehfrau amol ihrn Mon betrogn hät. Aft dazählt er s holt va die zwölf kloan Buam, de s ols jungi Hund ins Wossa schmeißn hot wölln, wiar oba da Herr, der in Krieg is gwen, grod za rechta Zeit hoamkimt, s schlechti Weibmentsch, de die Kinder ins Wossa trogn will, stroft, die Buabn selber oba hiamlih aufzücht. — Wiar er däs so dazählt, wird d Frau Ritterin nebn seina kasweiß. Er tuat nit dagleichn und frogt die zwölf jungan Ritta: „Wos moants, Ritter und Herrn, wos vadeant s a schlechts Weib und so a höllischi Muada für a Strof?"

Do schaun s oanander on und sogn endli: „Hochedla Ritter und Herr! mir moan, für so was is noh ka Strof aufgstellt und ma müassad erst oani erfindn: A großes Foß mochn lossn, dos einweni vull Messer is, se Weib einisteckn und so üban Gschloßberg owilossn!"

Däs hört da Rosnbühla, draht sih schön stad zu sein Weib und sogt: „Na, Frauerl, wos moanst dan du dazu?"

„Barmherzigkeit!" heschazt de und sinkt von Sessel owi.

Aft springen s oll auf und der Gschloßherr reißt sei Weib auf d Hech und brüllt ihr zua: „Du woaßt es, wen ih moan, gelt! willst epa deini zwölf Hundla noh-amol sechn? Do stehn s noch da Reih, schau on de jungen Ritter oll zwölf!“

D Mohlzeit hot a End ghobt! s hot ah neamt um Gnod bit’t fürs schlecht Weib — nit amol ihri zwölf Sühn. In zweitn Tog drauf hobn s a Foß owigwölzt üban Gschloßberg; däs is ghupft üba d Stoanwond owi und z tiafast in d Mur einigflogn.

Die zwölf Ritta hot da Rosnbühla für seini Kinder ongnomen und zan Ondenkn, wos mit eahna gschechn is, hot er s Tol und s Stadl intn ba da Mur — Hundsmork gnent.

D Enns

Ih scher mih an Teuxl um d Wirtshäusa. Wan ih auf da Roas bin und wan ih Humer und Durst hon, kehr ih viel liaber in unsern Herrgottn sein Keller ein. Der Wirt kent mih schon und hot ollaweil an frischn Trunk für mih, und wan ih n mit da Zech durchgeh, so schreibt er mih nit auf die Tofl, und an onders Mol kriag ih doh wieda wos.

Do woaß ih an Plotz in Obalond, wo ih rechtschoffn gern hingeh, und wo ih mih ollamol recht wulta zsomklaub. Do gibts s die bestn Rotbir und Süaßwurzen noch die Stoanwänd auffi, und intn ban Weg hot da Herrgott die Pidn (Pipe) aufdraht — do rint s ausser und ollaweil ausser und af da gonzn Welt findst koan bessan und gsündan Trunk, wia däs Bründl.

Musikantn sein ah do. D Vögerla moan ih nit, de findt mar überol; de singen af an iada Wirtskeischn, und wan da Trunk noh so vapaunscht is. Ih moan an onderi Musi; a gonzi Banda spielt do auf, und so laut und möchti, daß ma völli wüafli (schwindelig) wird und sein oagnes Wort nit vasteht. Und däs geht da fuat die gonz Zeit — sid viel tausend Johrn und wer woaß s, wia long noh — an ewigi Läng. Und doh keit (tönt) s ollaweil schön und d Stoanwänd schaun ower und losn, und sie gangen da nit weg va da Musi

— du kuntst toan, wos d wulst. — Gelt, du kenst dih nit aus und moanst, ih war scha gor z gscheidt.

Wan s d recht ameri (neugierig) bist, so will ih da s sogn, wer de Musi mocht. s is a Weib, und wans d amol in Ennstol warst, wo s Admonta-Stift steht, so bist ihr gwiß scha begegnt. Freilih, selm obn is s noh gonz dasi und schleicht nebn die Dörfa so gschami vorbei, wiar a jungs Diandl; oba kimt s nur erst aussi in d Stoanfelsn, wo s schön aloan is, do fongt s zan singen und hupfn und schrein on, und a Gsäus und a Getös mocht s, daß ma sein oagnes Wort nit vasteht. Wan ihr a Stoan begegnt, wird s gonz wild, setzt sih auf an Schimel und reit't übri; wo s a greans Astl dawischt, se reißt s mit und steckt s auf n Huat, und wans du ihr selba z glod (zu nahe) kimst, so pockt s dih ban Füaßn und ziacht dih in ihr Bet. Se will ih da nit wünschn, sie holst oan so grob, und wan s onfongt zan Busserlgebn, kriegt ma kan Otn meh.

De Hulzleut in da sen Gegnd wissn schon umzgehn mit ihr; sie schmeißn ihr Scheiter auf n Bugl, und de trogt s eahna mit, bis Hiafla (Hieflau) aussi, wo die Gwerker und Hochöfn sein, daß s ah wos richt't, de wild Olmerin.

Oba, wer hot s dan so wild gmocht, möcht ih wissn, wer hot dan der Enns wos ton? — Na, ton hot ihr neamd nix, oba da Weg is so stickl (steil) und owigschumelt wird s ollaweil weiter und weiter, und aussi in a fremds Lond — und sie war so gern obn bliebn auf da Hech in Steirischn — derawegn bamt sie sih so und getößt und schreit und woant in Gsäus; — und mir moan, s is a Musi!

Oba, wan ih ban Brünerl sitz und einischau in die rauschend Enns, so fongt ma s Herz on zan zitern: Uns geht s gleich ollzwoa, mir müassn fuat in a fremds Lond und kemen neamameh hoam.

Oba wos, wan ma s nimt, wos nutzt da dei Schrein und Aufbama? Fuat muaßt! Is doh viel gscheida, du gehst schön willi, wia d Mur und bewohrst dir in Glaubn, daß dih wo an Engl auf d Hech hebt und wieda zrucktrogt ins liabi Hoamatlond.

Da steirischi Bua

Und s Büabl von steirischn Landl,
Däs gibt da ka Rost und ka Rua,
Und wer nit recht tonzn und raffn kon,
Der is ka steirischa Bua!

Und s Büabl von steirischn Landl,
Däs traut sih auf d Höch in da Frua;
Und wer bis um siemi in Federn steckt,
Der is ka steirischa Bua!

Und s Büabl von steirischn Landl,
Haut topfa fürs Vodalond zua;
Und wer sih in Feind nit vor d Nosn traut,
Der is ka steirscha Bua!

Und s Büabl von steirischn Landl,
Däs prohlt sih nit — drum is hiazt gmua;
Sist kuntn d Leut glabn, ih war selba,
Bigott, leicht ka steirischa Bua.

Der Urlauber Franzl

Auf der Eisnbohn is s gwesn, de va Wean auf Triest geht.

Der Oberst Soundso sitzt in Eilzug und fohrt zu sein Regament auf Bosnien eini. Und schauts, wia da Zug durchs Mürztol geht, aufn grean Feld, wo gor ka Stazion steht, tuat er gach an gottsmentaschn Pfiff und bleibt stehn.

„Was gibts?“ will der Oberst gleih nochfrogn, do wird scha die Tür aufgrissn und a junga, saubera Baur springt in Wogn eini.

Gleih san a por Schoffna do, und da Bohninspekta: „Wos däs für a Modi war, so raubamaßi einaspringa, do! Einspirn lossn!“

Da Dompfwogn geht scha wieder und da jung Baur huckt aufn woachn Pulstasitz und brumelt: „Wos hon ih hiazt ongstellt?!“

Wiar er zan Fenster aussischaut, wern an d Augen vul Wossa. Ban Woldschochn steht a Haus, den winkt er noh zua: Pfiat Gott! Pfiat enk Gott ollmitanond! — Und du, mei liaba, kloawinziga Bua! hobn uns erst gsehn, zan erstnmol und müassn scha wieda ausanond! Däs gift mih höllasch! — Wos konst mochn? — Gor nix.

Draufba da nächstn Stazion, wia s n aussitoan wölln, hobt er d Händ zsom: „Um Gottswilln, laßts mih herinen. Mei Regament is scha voraus, den muaß ih noch. I zohl schon, ih zohl."

„Hiazt wirds ma z dum!" schreit der Inspekta; „hiazt möcht ih amol wissn, wer n Zug hot aufgholtn!"

„Däs, mit Verlaub, däs hon ih ton."

„Warum?"

„Daß ih einsteign hon kina", sogt da Baur, „an Eichtl keck is s va mir, däs ken ih selba. Oba meini Herrn: wos kints dan mochn? Zan Obstrofn is ka Zeit, weil ih üba und üba za mein Regament noch muaß. Derawegen is s jo, derawegen. — Ih bit enk, seids still! Es kon sih wos auf die Bohn glegt hobn — muaß a h aufholtn. Hobts klewer (kaum) a por Minutn Vasamnuß, brings as leicht ein — geht so hiazt wieda wia da Deuxl. Und mei Fohrgeld, däs zohl ih."

„Flausn, Verantwortung!" schreit da Inspekta.

Da Baur ziacht an Briaf aus da Toschn: „Den hobn s ma zuagschickt, gestern grod um de Zeit. Einberuafn bin ih; in vierazwonzg Stundn sul ich ban Regament sein, sist bin ich Desanteer (Deserteur)."

„Und warum bist nit gleih gonga? Sein gestern noh zwen Züg gfohrn und ba da Nocht ah oana!"

„Schauts, meini Herrn", sogt da Baur, „ih kunt enk anlüagn und sogn, ih war gestern kronk gwesn oda gor nit dahoam — auf da Olm ban Vieh, oda wo, wia s schon oft is. Ober ih bleib ba da Wohrheit. — Sein tuats a so: ih hon a Weiberl dahoam, sein hiazt bold a Jahrl vaheirat ollzwoa, und ih hon ma s denkt, daß hiazt ehezit wos kema muaß. Do sogts gestern, Franzl, sogts, s mog sein, daß sih heint oda morgn wos ontrogt — as kimt ma nit recht für. Ih laf gschwind ins Dorf, daß ih a por Weibaleut zsombring, da Gvatterin sog ih s ah; mir is gonz schwumli in Kopf und ollaweil denk ih scha: wiar er dan ausschaun wird, da kloanwinzigi Mensch! Wiar ih ba da Kreuzlindn umigeh, begegnt ma da Gmoanbot: er hät was für mih. Ob ma d Fuaßsuhln nix tatn beißn? — Wia so? frog ih. — Nau, weil ih an seltsuman Weg wurd gehn — in die Türkei eini, in s bosniakisch Lond. — Nau, sei sa guat! sog ih noh, däs wird doh epa nit sein. — Wul, wul, Franzl, as is, der Eggbaur und da Kouglschuaster und da Kumpnsepp sein scha fuat. Olls muaß gehn. Allo marsch! Dei Briafl, do host as. Schau na noch, wirst as scha sechn. Heint no muaßt fuat. — — Kints enk denkn, wir ih dogstondn bi! — Is s wia da wöll, sog ih, heint geh ih nit. — Und spring hoam. Mei Weib is scha rechtschoffn in da Not; ih sog daweil noh nix, wos oda wia. — Oan Dompfwogn um an ondern hör ih vabeirumpeln — pfeifn, ob ih nit mitgang auf Bosnien eini. — Saggra, loßts mih in Rua mit enkeri vafluachtn Bosniaken; de gehn mi nix on, ih bleib ba Weib und Kind dahoam. — Wos host dan, daß d sa saur dreinschaust? frogt mei Weib in ihren Schmerzn. Ih spring aussi und woaß ma nit z helfn. — Ih denk aufn Schwur, den ih in Kaisa hon gleist. Sul ih a Schurk sein?! — Oba meini liabn Leut, wer kons dan valongan von an jungan Ehmonn, daß er sei Weib in Stich loßt grod zu der Stund! Fuatmüssn, wer woaß wohin, wer woaß, auf wia long, s Kind nit sechn, s bluatoagni! Und wan da Türk morgn vor da Haustür steht — däs kon ma von an Menschn nit valonga. — Nau, so bin ih holt dahoam bliebn über Nocht, und erst heint früa — is s kloan Bübl do. — Ih nims gleih in d Hond und hebs auf und schau s on und hon ma denkt ... Nau jo, aft is s holt gwesn: Grüaß dih Gott! Pfiat dih Gott zgleich. — Möcht wissn, wos onfonga wölln dahoam alloan! Die Keischn (das Häuschen) is kloan; mei Weib kon nit oarbatn hiazt, bluatorm sein mar eh ... Mit Gwolt hon ih mih müassn hebn. Bist a Monn, Franzl, hon ih noh gsogt zu mir selba. In s Bett hon ih s gschmissn, mei Kind und bin aus ba da Tür. — Mei Weib hon ih s nit kina sogn, wo ih hin muaß; de dafohrts erst in a poor Togn, bis s aufsteht, und ih scha bin, woaß Gott wo. — Wird viel frogn heint und morgn, wo da Franzl dan is! Mei Lebertog (Lebtag), so wos is hort. — Nau, wiar ih fuatgeh und af d Eisnbohn owa schau und noh denk: wan hiazt a Zug gang! Hiazt war s noh früa gnua, wa Nochmittog z Graz und ka Desanteer. — Und in den Augnblick — wia wans schon a so hät sein müassn, schlogt ban Bohnwochtahäusl s Glöckerl on. A Zug va Wean? Do follts mir ein: Der Eilzug. — Wos hilft ma dos, wan er nit aufholt't. — Und hiazt, meini Herrn, in da Freud üba mei Büabl dahoam, und in da Vazweiflung drüba, daß ih fuat muaß und doh a Desanteer sult sein — is ma der Gedonkn kema. Ih laf zan Wochtahäusl — d Wochtasfrau steht scha do; wia der Dompfwogn dahergaustert, spring ih vor, reiß ihr die zsomgrult Fohn aus da Hond. Sie kennt mih guat und denkt, ih hät wo a Gfohr dasechn. Ih stell mih auf d Bohn, fachel mit da Fohn, bis da Zug steht. — s Weiteri hobn d Herrn selba gsechn — hiazt wißts es, hiazt tuats mit mir, wos s wöllts."

Ma woaß nit, wos da Bohninspekta drauf gsogt hät; do steht der Oberst auf, der daweil in sein Winkel still is gsessn, und sogt zan Franzl: „Sie sind ein braver Mann und ein Malefizkerl, Sie sollen so bald als möglich zu den Ihren zurückkehren, und bei der Eisenbahn werde ich für Sie einstehn."

Von Franzl, de Freud! Sein Weib hot er s gschriebn:

„D Leut wern dih doh dahoam nit valossn! Hols holt, und bußl in Kloan; za Weihnachtn, hoff ih, host wieder in Großn!"

A Feuersbrunst in da Woldhoamat

A wunderschöni Nocht is s gwen. In unsern Woldbauernhaus is olls in tiafn Schlof glegn. Togs vorher hobn ma s leßti Troad unter Doch brocht und a so a stilli Hirbstnocht is wiar a rechter Feierobnd vorn großn weißn Sunta der Winterszeit.

Do klopfts af oanmal ban Fenster: „Wer in kloan Marxl sei Haus brena sechn will, der sull gschwind aufstehn!"

„Sas Maria!" Mei Voda springg aus n Bett. D Muada will Liacht mochn und findt ka Feurzeug. Ih will in d Hosn und kim ollaweil in die unrechtn Löcher, koan Strumpf find ih, koan Schuach — und hots doh a roti Liachtn in da Stubn, von großn feurign Stern her, der afn ondern Berg entn aufleucht't.

„Auweh!" sogg mei Voda, „s is schon olls hin, s gonzi Haus steht in Feur!"

Oll zwen laufn ma davon, da Voda mit ar a Wosserkübel, ih mit ar a großn Ongst, as kunt s Feur überaspringa bis zan unsern Haus. „Bist a dummer Bua!" sogg mei Voda, „siachst as dan nit, daß da weiti Grobn dazwischn is? Ober ollsoans is s, obs unser Haus is oder in Marxl seins. Betler is Betler."

s schöni neugi Haus, däs erst an etla Wochn vorher fiatigwordn is! Wiar an Ölwickl brents, sa still und liacht, kirngrod steign d Flomen auf in die finster Nocht und tiaf in Himel eini steign d Funkn und die bluatrotn Rauchwolkan. Weider gegen Birchfeld aussi hots ghimlazt, oba dös is nix gwen gegn an liachtn Schein va da Feuersbrunst.

„Wan an ondern s Haus niederbrent“, sogg da Voda während n Laufn, „sa brent n holt s Haus nieder.“

„Is s ban Marxl nit a so?“ frog ih.

„Na, mei du. In Marxl brent olls nieder, olls, wos er gestern ghobb hot und heint hot und morgn hobn kunt.“

„Voda! Wan da Marxl selba vabruna war!“

„War s besti, mei du, war s besti. Ih vergun eahm s Lebn. Oba wer zwoanzg Johr long baut, wer sih zwoanzg Johr long gfreut af sei Haus und hot af oanmol an Haufn Aschn — mih zimbb, es war nit zan datrogn.“

Drauf mei Weisheit: „Und wan er vabruna war, so war er hiaz schon in Himel.“

„Watsch nit a so in nossn Gros! Geh gleim hinter mir afn trucknen Weg. Wos woaßt dan du!“

Und wia ma durchn Wold auffi gehn, gor gstickel is er nit, dazählt ma mei Voda gschwind a wenk wos von Marxl.

„Da Marxl —“, und schnaudn mochts n dabei, „is an orma Hulzknecht, z hort Kräftn vadean olli Tog, wos oaner olli Tog braucht. Oba da Fleiß: da Fleiß wirkt Mirakl, mirk da s, Pederl. Olli Tog za da Feierobndstund, wan die ondern Hulzknecht eahneri Spotzn und Hirschn kochn in da Hüttn und olli Vieri ausstreckn afn Stroh, hot da Marxl noh fleißi gorbat’t auf sein kloan Gründl. A kloans Sumpfwiesel hotn da Woldherr derlabb, daß er s af sei Leppa derf nutzn.

So hot der Marxl s Wosser ohgloadt, hot s Moos druckn glegg, hot s Unkraut ausgrodt, hot unverdrossn gorbat't olli liabi Tog — heili Zeit ausgnoma —. Aftn hot er s schlecht Wurznwerch verbrent, hot a Brondkorn onbaut af sein Fleckl Erdn. Olls um die Feirobndzeit. Aftn hot er va sein Woldhern gstott Hulzknechtlohn an etla Stam Hulz gnoma, hot imeramol an Kamerodn vazohlt, daß er eahm hilft, und hot onghebb, afn Wiesl a Haus aufzbaun. — Ausglocht hobn ma n, oll mitanonder hobn ma n ausglocht. Wia wirst dan du mit an Haus zstond kema, du orms kloans Woldmandl, däs wirst du nit dawortn und wern mir nit dawortn. — Loßts ma Zeit, hot er gsogg, da Marxl, wan ihs na daleb, dawortn will ihs. Und hot sei Tabakpfeiferl gstopft. s Tabakrachn, dos is sei Passion gwen, sist hot er eahm eh nit viel vagunt. Jo, und hot sei Tabakpfeiferl gstopft. — Guat aufglegg, wiar er ollaweil gwen is, hot er holt gorbat't ba seiner freien Zeit, hot grobn, hot ghockt, hot gschnidn, hot zimert, hot gnoglt, hot gsungen und gwischbelt dabei, daß man frei gern zuagschaut und zughört hot. Nochn erstn fünf Johrn is er mit da Zimmerei af d Höch kema bis zan Trambam. Noch n zweitn fünf Johrn is s Doch fürti gwen, s Fensterwerch und die Tür. Und wieder zehn Johr später zwoa schöni Stubn mit Tisch, Bänk und Kastn, und an Kuastoll und an Saustoll und an murtsprächtigs Kucherl daher, daß an iadi Großbäuerin ihr Freud dron hät ghobb. — Olls däs hot er zwegnbrocht, da Marxl, ruck dei Hüatl, Bua, vor a so an Mon! — Hiaz wiar er firti is gwen, hot er heiratn wölln — gor viel zfrua is s neama, wan da Mensch ins Funfzigsti geht. Und hiaz däs Malär!“

A so hot mei Voda dazählt. Und nochher wia mar auf d Höh kemen uns s Feur sa nohend vor uns hobn, daß ma scha d Wangl sein hoaß worn, kemen von olln Seitn Leut daher mit Wosserkübeln und Krompn und Loatern, und schrein und komadiern und sechn, es is nix meh zmochn.

„Onzundn is s worn!“ schreit da Schauderer-Michel, „den, wan ma dawischadn!“

„Willst n nit nochlaffn?“ sogg der Moasn-Simerl, „selm über Birchfeld hin zündelt er noh.“

Do sechns erst s Himlazn in Gwölk, an Krocher vorher wöllns ah ghört hobn und hiaz hobn mas gwißt: da Blitz hot zundn.

Selm afn Stoanhaufn is da Marxl gsessn. Ohni Schuach und Jangger is er dogsessn, hotn Kopf af d Hond gspeizt und hot zuagschaut, wia da Dochstuhl is eingstürzt, wia d Wänd sein zsombrochn, wias dabei ollamol frisch aufgfluckt hot und die Gaan sein af d Höch gfohrn, wiar a fuiriger Regn, der himelwärts geht.

Und wiar er so still und ernsthoft dogsessn is, da Marxl, hot sih neamb traut, daß er eahm zuagonga war, daß er n tröst’t hät. Ins Herz eini dabormb hot uns däs guati, ormi Mandl, däs so viel und so viel Johr long umsist glebb und gorbat’t hot. Und hiaz und hiaz hot ma gmoant, wird die Verzweiflung ausbrechn, daß er gor af d leßt mit an wild Fluacher gegn Himel ins Feuer springg.

Und wia da Marxl long a so dogsessn is, do hot er aus n Hosnsäckl wos fürazogn, is s Tabakpfeifel gwen. Für morgn früa wars schon ongstopft gwen. Hiaz steht er auf, geht stad zu da Brondstot hin, hebb a glosends Prügerl auf, zünd die Pfeifn on, setzt sih wieder hin und tuat gmüatlih — tabakrachn.

Va weitn hobn ma n zuagschaut und hobns nit kina begreifn.

„Schwochsini is er worn", hot da Schauderer Michel gsogg. Und mei Voda hot ganz töwi dazuagsetzt: „Leut, der is stirker wia mir!"

Und daweil s Pfeiferl noh brent, redt da Marxl holblaut mit eahm selber: „Hiazta wort ih daweil, bis s zsombruna hot. Aftn kral ih s olt Eisn ausser aus der Aschn. D Hulzhockn, wan ih find. Aftn stiel ih ma s wieder on. Aftn ram ih de Schlomperei weck. Aftn schau ih, daß ma da Woldherr wieder a Bauhulz gibb, mit da Zeit dean ih eahms oh. Is mar eh s hinteri Stübl nit gonz guat grotn gwen. Noh vor an etla Togn hon ih gsogg: Wan ih nohamol bauad, hiaz wissad ih s besser. — Und aftn fong ih holt in Gottsnom wieder on."

D Höllnongst

Mei Voda hot gern gsogg: s Besti, wos der ormi Mensch hot af da Welt, is d Religion. s wird nit weit gfahlt sein, und so muaß oaner ah Ochting gebn, daß ma koan religiösn Herzn weh tuat. Oba don und won trogg sih holt wos zua in an frumen Gmüat, däs oan long nit olls oans is, und däs ma gern ändern möcht, wan ma kunt. Ih dazähl a Gschichtl.

Untn in da Schluachtn (Schlucht), wo da Weg aussi geht noch n Wossa, steht s Irrkreuz. Nit weit davon is vor an etla Johrn da Mühldorfer-Simerl gfundn worn ols a tota. A kernfrischa Mensch mit dreißig Johrn. s Schlagl (der Schlag) hotn troffn.

Danahst, in an Suntanohmattag, wiar ih va da Kirchn hoamgeh, gsiach ih afn nämlin Plotz nit weit von Irrkreuz in oltn Mühlhofer knean, hobb die zitandn (zitternden) Händ zsom und is kloan vazogg.

„Do is er glegn", sogg er, „do is er ohgruafn worn, mei Simerl!"

„Mühlhofer", sog ih, „host dih dan nou nit tröst't! Is scha zechn Johr vabei!"

„Zechn Johr!" locht er auf, „wos sein zechn Johr! — Host heint die Predi nit ghört in da Kirchn?"

Ahan, denk ih ma, aus den Louch blost da Wind.

„Daß d Ewigkeit sou lonk sult sein", moant aft der olti Baur, „däs hät ih ma nit denkt!"

„Wia lonk is s dan?" frog ih.

Draht sih der olt Mühlhofer za mir und sogg: „Wanst hundert Metzn Korn host, und as kimpp olli tausend Johr a Vougl und frißt an oanzigs Körndl, sa wern die hundert Metzn ehanter aufgfressn sein, as wia d Ewigkeit aus is. Nia wird s aus, d Ewigkeit, hot da Geistlinga gsogg, nia wird s aus!"

„Is holt der Ewigkeit ihr Schuldigkeit, daß s nia aus wird", sog ih.

„Oba Jessas Maria!" schreit er, „amol wird s douh aus wern!"

„Da Geistlinga mit seini hundert Metzn Korn is a Hascherl", sog ih. „Denk da s, Mühlhofer, di gonz Weltkugel war durch und durch aus hirtn Stochel (hartem Stahl); und olli tausend Johr kam a Vögerl und tat an oanzigsmol sein Schnobl wetzn an da stochlan Weltkugel, sa wurd die Kugel ehanter z Schondn gwetzt sein, as wia d Ewigkeit an End nimbb. Und wan a iada Stern am Himel a selchti Stochlkugl war, so mochad die Zeit, bis wan s ohgwetzt warn, kaum an Augnblick gegn d Ewigkeit."

Af dos hot er nit viel gsogg. Meini millionen Stochlkugeln sein nit einigongen in sein Koupf. In Geistlinga seini hundert Metzn Korn sein bessa gwen.

„Hundert Metzn!" ruaft er wieder, „oba dos is schreckbor!"

„Warum?" frog ih.

„Wer in a Todsünd stirbb und muaß ewi in höllaschn Feuer sein! — Viel Leut, sogg da Geistlinga, viel Leut gehn nit um af da Welt, de nit a Todsünd afn Bugl trogn. Mehrer as oani! sogg er. A gacha (plötzlicher) Tod dazua und du bist ewi und ewi in da Höll."

Mir dabormt der olti weißkopfadi Mon, hot eh nix Guats auf da Welt, is müahsali und kronk, hot neamb, der n a guats Wort sogad!

Ih setz mih nebn an Weg af an Stoan und sog: „Nochbar, ih hon a Glaserl Wein ba mir, geh kim, trink ma s aus mitanond."

„Wia mar an Wein kunt trinkn, möcht ih wissn", sogg er, „in a sou an Ongst! Mittn in Todsündn!"

„Kimbb holt drauf on, Mühlhofer, wos mar unter a Todsünd vasteht."

„Legg s jo eh da Geistlinga aus ba da Predi", moant der Olti. „Meintswegn d Hoffort is a Todsünd. Wer hoffärti is af a schöns Gwond, af sei silberani Uhr, af an guldanan Fingaring, und er beicht s nit, der kimbb in die ewi Höll. Die Trägheit is a Todsünd, und wan ih in wormen Bet lieg, gstot daß ih in die heili Früahmeß geh, und beicht s und büaß s nit, sa kim ih ins ewi Feuer. D Völlerei is a Todsünd, und wan ih mar an Rausch ontrink und beicht s nit, sa kim ih in d Höll. Und wan dar a Weibsbild gfollt — da Gedonkn alloan schon is a Todsünd, mei Mensch! — mochad ma jo aus a Todsünd nix, oba d Höll mocht ma wos, d Höll!"

„Oba Baur! Mühlhofer!" sog ih, „wer hot dan dir de Sochn aufbundn?"

„Wanst ba da Predi warst gwen, so wurdst as wul selba ghört hobn, wos a Missionsgeistlinga hot gsogg. — Und gach fuat müassn, wia mei Simerl! Die gonzn Nächt kon ih nit schlofn; hör n schrein und winsln und um Hilf ruafn, und ka Mensch kon an helfn, unsa Herrgott hotn ewi vadampp! — An oanzigi Minutn in an glüahdin Feuerofn sein, wia schreckbar! Und erst die gonzi Ewigkeit. — O mei Simerl, mei Simerl! Und ih muaß ah nochi, weil d Eltern für die Kinda verontwortlih sein. Oll kema mar in d Höll, ollmitanonda!"

Do nim ih in Oltn ba da Hond und frogn: „Mühlhofer! Und glaubst du dos?"

„Wan s do Geistlinga hot gsogg! Wer an Geistlinga af da Konzl nit tat glaubn, der begang erst die ollagrößti Todsünd, hot er gsogg ba da Predi, und däs war a Sünd gegn an heilign Geist, de nit af der und nit in der ondern Welt vaziechn wern kunt!"

„Woast, Nochbar", sog hiazt ih, „ih bin ah a Christ. Oba dos glaub ih nit. Für sou schlecht holt ih unsern Herrgott nit. Ja, wan er a Mensch war! nochha trauad ih n nit. D Leut sein boushoft und rochgieri. Oba unsa liaba Herrgott, der uns ols schwochi Menschn daschoffn hot, der wird uns da Schwochheit holba nit ewi vadoma. Wer schwoch und fehlahoft is, der is a sou schon af da Welt gstroft gnua, und an iadi Sünd muaß büaßt wern, sou oda sou. Do brauch ih ka Werkstott dazua. Oba woaßt, as gibb holt Leut, de a Geldschmidtn brauchn, vastehst? geh, loßn ma s guat sein, wan ih sou wos hör, da kim ih mih ollamol z giftn. Und ouft denk ih ma: Wan unsa Kultusminister an oanzigsmol a sou a Jesuitapredi in da Dorfkirchn kunt hörn! Die Freimüatin, de lochn freilih dazua, die Hortn bleibn vastouckt trutz Höll und Teufel; die woachn, gläubign, unschuldign Herzn oba triffts hort. De hobn zsombb eahnen frumen Glaubn d Höll schon af da Welt und sein valossn von olln Seitn. Da Stoot nimbb von ormen Vulk Geld und Bluat. Is er dan gor nix dafür schuldi?"

„Wan er nar an Geistlinga hät hobn kina!" ruacht (sehnt sich) der olti Mühlhofer. „Hots heint wieder eingführt ba da Predi, wia weit as s gfahlt is, wan oaner ohne Versechn und leßti Ölung sterbn muaß!"

„Mei Liaba", sog ih, „a so hot da sebi Koplaun ah predigg, der in oltn Weber-Wastl hot narasch gmocht. Da Mensch kon nit ouft gnua beichtn gehn, hot er gern gsogg af da Konzl, da besti Mensch begang olli Tog siebn Sündn. Destwegn sul da Frumi, der sicher im Himel kema will, frei olli Wochn beichtn gehn. Da Weber-Wastl is a Frumer, und wiar er olt und kronk wird und neamer in die Kirchn kema kon, so hot er eahm in Geistlinga olli Wochn amol ins Haus bringa lossn wölln. Weil oba sei Haus afn gstickln (steilen) Berg obn steht, so hot da Koplaun nit auffi wölln, sa long ka Todesgfohr vahondn war. Do hot mar in ormen Wastl ouft laut woanan hörn aus Kränkung, daß er nit olli Wochn sei Beicht kunt varichtn und daß er in da schreckborn Gfohr war vor da Vadomnuß. Und amol in da Früah hobn s n olßa tota gfundn in sein Bett. Ohni Geistlinga is er gstorbn und da sebi Koplaun, der n d Höll hot hoaß gmocht, hot eahm in leßtn Trost vasogg, weil n da Berg z gstickl is gwen auffi zan Weber-Wastl. A so gehts imeramol her, mei liaba Nochbar. — Geh, Mühlhofer", sog ih, „steh auf, dei Simerl is a brava Mensch gwen, und unsa Herrgott nimbb an Menschn zan eahm, wan er n in leichtast kriagg und wird scha wissn, wegn wos er n grod af den Plotz und za da sebin Stund ohgruafn hot. Sein mar eahm die ewi Rua willi, er is in Friedn Gottes. Mir oll sein unsern liabn himlaschn Vodan seini ormen Kinder und er moants guat mit uns. Und denk da: wanst du nouh a so a schlechts Kind häst, des dar olls ontat, af ewi ins Feur werfn, däs tast as nit. Afs höchst nahmast eahm s Lebn, däs d eahm gebn host. Und schau, unsa Herrgott is um sa viel nouh besser, er vagißt af koan, oll suacht er s zsom, seini Leut, und führts hoam. Gewiß ah nouh."

D Augn nouh vul Wossa, so locht er mih hiaz on, der olti Mühlhofer, gibb ma d Hond und sogg: „Donk da Goud, Peda! Dei Wort is mir an Öl af mei brennendi Ongst."

— Is ober aufkema, was ih selm zan oltn Mühlhofer gredt hon, und nachst Suntogs drauf hot mih da Geistlinga schon auf da Konzl ghobb: A Wulf in Schoufstoll! Aufpassn af die schlechtn Leut, de an Menschn in heilign Glaubn aus n Herzn reißn möchtn! —

Ja, meini liebn Leut, zua geht s af da Welt!

Da Pinggaleitna Pfora

Wer n kent hot, in Herrn Pfora vo Pinggaleitn, der hotn ah gern hobn müassn. So viel a komodta Herr! Und in mehrern Stuckn a wenk onderst, wia die ondern Leut. In früahern Johrn is da Pfora drent gwest in Sunberg, hot a guati Pfor ghobt. Oba d Sunberga-Baurn hobn an ausbissn und hergongen is s vawegn an Barometa. Da Pfora hot nit ollamol, wans eahner eingfolln is, um Regn oda scheans Weta betn wölln lossn.

„Tatn holt wul rechtschoffn fleißi bittn, Ouwürdn, wan ma nachst Somster um an fruchtborn Regn tat ausruckn mit da Fohnstong. s is schon olls kreispeldür afn Ackern und afn Herrn Ouwürdn sein Feld gehts ah schon af Schadn. Olls bringts um, de Drickn (Trockenheit)!"

Da Pfora schnopft und schaut af sein Barometa — der steigt. Unsern Herrgott därf ih do nit z Schondn mochn, denkt er eahm und sogt: „Mich freuts recht, meine Lieben, daß Ihr in der Not sogleich ans Beten denkt. Aber seht, man soll vom lieben Gott nicht allzuviel verlangen, soll ihn nicht versuchen. Drüben hinter dem Gebirg die Weinbauern beten jetzt, daß das Wetter schön bleiben möcht. Regnets, so haben wir wieder den sauren Wein. Zudem ist für unsere Felder jetzt die Not noch nicht am größten. Wir wollen noch ein wenig Geduld haben!"

Oba noch an ocht Togn, do kemens holt wieda, die Baurn: „Hiaz wars holt wul scha die ollahöchst Zeit zan regnbetn gehn!“

Da Pfora schaut afn Barometa — der steht ollaweil noh hoch und zoagt af Schean. Ma derfn hiaz ah noh nit z Schondn mochn, unsern Herrgotn, denkt er und sogt: „Es ist wahr, liebe Leute, wir brauchen Naß. Aber Gott, der nichts umsonst tut, wird seine Absichten haben. Wir müssen uns seiner heiligen Fürsehung demütig beugen. Indes, ich will die Sache bedenken und werde es Euch sogleich sagen lassen, wenn ich glaube, daß es Zeit ist.“

Do drahn sa sih aussi, die Bauern, schean zach und brumeln: „Daß er sa go nit will betn lossn!“

Steht drauf noh a por Tog on, siachts da Pfora: Da Barometa follt. — Gleih schickt er in Mesna: Weil scha gor olls tat vadorn, sa wa morgn a Bittprozession um Regn.

Nau endla! Frei aufotmazn toans. Kints enk denkn, wias zsomgrent sein und wos de Prozession für a Schnoasn (lange Reihe) is gwest, für a lonki!

Scha daweils hinbetn üba d Felder und Wiesan, übaziacht sih da Himel, und in sewin Tog noh, afn Obend, hebts schean fein on zan regnan.

Ma moant, däs hät er guat gmocht, da Pfora, und er selba hots gmoant. Unsern Herrgotn sei Ehr hot er freilih wul bewohrt; oba wos hobn die Baurn gsogt? — „Wan er nit so a Dickkopf war, unsa Pfora, und um a por Wochn eahnta hät betn lossn, und nit erst, wans scha z spot is, sa warn unseri Wiesan nit ausdort, unsa Kraut nit hin und s Stamel kunt ondersta stehn afn Feldern. — Daß er so an Schodn mocht do! Weck muaß er, da Pfora! Mir wölln an neama!"

Af däs hot da Pfora auffi müassn in die mogeri Pinggaleitna Pfor.

„Ih wir ma s mirkn!" sogt er zan eahm selba, „mitn Barometa holt ihs neama. Ih tua, wos die Baurn wölln — regnts oda nit — ih steh mih bessa! Und da Herrgot sul mochn, wos er will!"

Oba wia da Herr Pfora leßt Zeit gonz verbauert, olt und müaseli worn is, do hots Zeugl neama recht gehn wölln. s Meßlesn, s sewi hot sih noh gmocht, is a Tröpfel Wein dabei gwest. s Beichtsitzn hots ah noh ton, do kon ma schlofn dabei. Oba s Predinga!

s Predinga, meini Leut! Ollaweil va da Beicht hot er gern predingt. Dahoam ba seini Pforschäfla hot er sih zwar nit gor z schwar ongstrengt: Die Baursleut wölln Suntags rostn in Kirchnstuhl, war nit brav, wan ers tat weckn.

Do is ober in da Nobarschoft amol a Kirchnfest zan heilign Pforpatron Josefi und da Pinggaleitna Pfora is ah dabei. Do loßt da Kapuziner, der d Festpredi holtn hät suln, ohsogn — und hiaz hätn die zsomglaffnan Leut ka Predi!

Ah, dos tats nit, dos wa nix, a Kirchnfest und ka Predi!

Gehn die Kirchnpropstn in Pinggaleitna Pfora on: ob e r nit sa guat sein möcht!

„Oba kinasch!" sogt da Pfora, „wia kunt dan ih predinga, bin jo nix vorbereit't!"

Ah, s wurd scha gehn! s wurd sih nit fahln. War s wos dawell. Sul nar auffisteign.

„Jo mei, jo mei!“ moant da Pfora, „wos hebn ma dan on! Moants dan, daß ma s von Irmel aussabeideln kon as wia Sogschoatan? Hilft eh nix, ba de Leut; wan s während da Predi in da Kirchn sein ghuckt, sa moan s, hiaz hätn s scha mehr, standn scha wieder um an Staffel höha ba da Himeltür, gehn hoam und schleifn wieda fuat in eahnan Luadalebn. Do kunt sih oana neun Lungeln ausschrein!“

„Wa scha wos!“ moan die Kirchnpropstn, „sult eahnas nar owisogn a so, va da Konzl!“

Na, na, as geht nit, denkt eahm unsa Pfora. Oani hät er wul in Koupf, an einglernti — sei Predi va da Beicht — de paßt heut nit. Wos geht in heilign Josefi die Beicht on. — Und dena, wons scha nit onderst is — die Predi, er holts.

Er steigt af die Konzl, lest s Festevangeli, druckt afn Schlußpunkt sei Bussel, legts Büachel weck, straft a wenk sein weißn Pfoadniablin (Chorhemdärmel) zruck und hebt on:

„Liebe Christen! Wir feiern heute das Fest des heiligen Nährvaters Josef. Der heilige Josef war, wie ihr alle wisset, ein Zimmermann. Als Zimmermann hat er Tische, Betten, Stühle und gewiß auch Beichtstühle gemacht. Weil aber die Beichte so unendlich heilsam und notwendig ist, so will ich heute über dieses Sakrament zu euch reden.“

Ba da Stong is er gwest, da Pfora, sei Beichtpredi hot er eahna gholtn. —

Früaherer Zeit, wo er noh bessa ban Kopf is gwen, hot er ah a Predi va da heilign Dreifoltigkeit ghobt und hot de ollamol mit ana Heugobl vaglichn.

„Schauts, meine Lieben, eine Heugabel hat drei Hörner und ist doch nur eine Gabel. So ists mit der Dreifaltigkeit: Drei Personen und doch nur ein Wesen."

Jo richti, und do follt ma noh a Stückl ein. An ondersmol hot da Pinggaleitna Pfora übers virti Gebot Gottes predingt. „Und als Beispiel", sogt er, „wie unfolgsame Kinder bestraft werden, ein Exempel aus der Heiligen Schrift. Wie unser Herr Jesus so ein Bürschel von zwölf Jahren gwesen ist, da ist er — wie Kinder schon sind — einmal seiner Mutter, der allerseligsten Jungfrau, davongelaufen. Die arme Mutter Maria — gebenedeit sei ihr Name! — lauft in der größten Desparation durch ganz Jerusalem, um das göttliche Kind zu suchen, und eilt zuletzt in den Tempel, um ein Vaterunser und Avemaria zu beten. Und denkt euch die Freude, im Tempel sitzt der Kleine und schwatzt mit den Pharisäern und Schriftgelehrten. ‚Jesus Christchen!' ruft sie aus, ‚wie kannst du deiner heiligen Mutter so davonlaufen?' — ‚Was geht das Euch an!' sagt der widerspenstige Junge. Und nun sagt es selber, liebe Zuhörer, ob das eine Antwort ist für ein Kind gegen seine bluteigene Mutter? Aber die Strafe ist nicht ausgeblieben. Wo hat er zuletzt sein Ende genommen? Am Kreuze!" —

Amol hät, und däs muß ih ah noh dazähln, da Bugl-Domini in Pinggaleitna Pfora bol in d Schmir brocht. Do hot der olt Bauznberger amol, wiar er sein bluatign Groschn af a guati Moanung, daß d Mästsau recht foast sul wern, in Opfastock wirft, sein bockledernan Geldbeidl gstot ins Hosntaschl nebnfür gsteckt, daß er afs Stoanpfloster is owigfolln. Da Domini siachts liegn, s Geldbeiderl, und follts n ein, er brauchads — guat kunt ers brauchn. Oba wer woaß s, obs eppa doh nit go Sünd war, wan ers hoamla gleih a so auf tat klaubn und einsteckn. Wiar er grod in Wigl-Wogl is, da Domini, sul ers bocklederni Beiderl nehmen oder sul ers liegn lossn, do draht sih da Pfora, der grod Meß lest, um und sogt: „Pax Domini!" — Guat is s, denkt eahm da Domini — und pockts. Nochha, wias aufkimt — aufkema tuat olls —, do redt sih da Domini aus: Da Pfora hät eahms gschofft.

Dos is freili no leicht. Oba Leut! Für n Herrn Pfora kitzliger is s a ondasmol gwest, und ih sogs holt noch, wos d Leut dazähln.

Kimt amol da Bischoft af Pinggaleitn. Schaut a wenk umanonder in da Kirchn, afn Freidhof, in Pforhof; is sa weit olls in Urdnung: „Alles sehr schön", sogt da Bischoft, wia s in Pfora sein Zima stehn, „aber, lieber Herr Pfarrer, im ganzen Hause bei Ihnen sehe ich keine Bibel!"

Do rent die böhmisch Pforaköchin daher und sogt: „Oh, hobns me wuhl Bübel ghobt, is me storbn." —

Ein wissenschäftliches Gespräch

Da Schulmoasta, der mir schon als kloana Bua einidruckt worn is in mein Schädl, den bring ih holt deutsch nit mehr aussa. Und wan ih zan Sunta-Nochmittog wo an Baurn hör, der noch seina Moanung wos Gscheits daherredt, wos noch meina Moanung nit gonz richti is, gleih zwickt mih da Tuifel ban Gnack (beim Genick), ih sullt den Baurn belehrn und aufklärn.

Nau, so sitzn mar amol ban Gmoawirt banond, ih und da Dauderer Hansl. Da Dauderer Hansl nimbb aus n Brotkörbl, däs afn Tisch steht, an Weggn (Wekken), drahtn a Weil um und um und beklogg sih über die kloan Semeln. Sogg da Gmoanwirt, der a z gleich da Bäck is: „Gestern häst as erst sechn suln, d Semeln, wia s mei Bäcknjung aus n Bochtrog aussabotzt hat, do häst dih wundern kinen, üba die kloan Semeln. In Ofen sein s eh größa worn."

Do kimbb da Dauderer Hons drüba nochzgriabln, wia dan däas sein kon, daß d Semeln in Ofen größa wern. Da zwickt mih s Tuiferl. „Hons", sogg ih, „wanst in d Schul gonga warst, so müassast as wissn, daß die Hitz die Körper ausdehnt. Freilih, die Hitz dehnts aus und die Kältn ziachts zsom."

„Ah, derawegn!" sogg da Dauderer Hons. „Hon mih eh ollaweil drüba gwundert, daß mei kloans Gsindl dahoam in Suma, wans s worm is, in olli Weitn ausanondalafft, und in Winta, wan s kolt is, schliaffn s oll schön glod zsom ins Nesterl."

„Host gleih a Beispiel", sog ih, „und denk da s, a Mensch, wan er olt und kolt wird, do geht er zsom, wird gonz buglad und kloanwinzi, weil die Kältn die Körper zsomziacht. Herentgegn, junge Leut in Wirtshaus, wan s wormen Wein trinkn und in d Hitz kemen, do fohrn s ausanonder und gleih gibbs dicki Nosan und großi Köpf. Weil d Hitz die Körper ausdehnt."

„So!" redt hiaz da Gmoawirt drein, „hiaz woaß ih s ah, wegn wos die Grundausmessa grod in Sumer ausmessn und nit in Winta. Weil mei Krautgortn in Suma, won s worm is, größa doliag wiar in Winter und daß s mar a größeri Steur vorschreibn kinen."

„Freilih", sogg ih. „Und derawegen is in Sumer ah da Tog länga, weil d Hitz ausdehnt. Und af de Weis kimpp oan da Weg länga für, wan ma schwar trogn muß, daß mar in d Hitz kimpp und recht schwitzt, weil da Weg afn Bodn ligg, da Bodn a Körper is und d Hitz die Körper ausdehnt."

Da Dauderer Hons legg sih mit seini Ellbogn schön broat afn Tisch hin, woglt a wenk mitn Kopf und brumelt: „Stimpp oba doh nit gonz!"

Ih schau n on. War ma ah wos Neugs, daß a Naturgsetz, däs für die gonz Welt paßt, grod ban Dauderer Hons nit stima sull. Er spreizt sein Kopf mitn Ellbogn auf; in den Schädl, denk ih ma, muaß heint amol rund wos drein sei, weil er sa schwar is.

„Stimpp oba doh nit gonz!" sogg da Hons und draht sih auf. „Hiaz meini Stiefel! Meini Stiefel gehn in koltn Regnwetter ausanonder, und won ihs zan wormen Ofen tua, schliaffns zsom.“

„Na, däs is wohr“, sog ih, „meini mochns ah a so.“

„Siagst as!“ schreit da Hons, „und nochha noh wos, mei Liaba! Ba da Nocht is s doh kälta, wia ban Tog. Nit?“

„Jo freilih is s ba da Nocht kälta, wia ban Tog“, sog ih.

„Nau olßa, so müassad, wan die Kältn zsomziacht, ba da Nocht da Weg kürza sei, wia ban Tog“, sogg er, „und mir kimmp da Weg ba da Nocht, wan ih von Wirtshaus hoamgeh, holt ollamol länga für.“

Saggera, denk ih ma, hiaz hot er mih. Ober müad (müßte) doh a Schond sei für an Mon da Wissenschoft, wiar ih oana bin, wan ih mih do nit aussi wutzlad. „Mei liaba Freund!“ sog ih zan Hons und legn d Hond auf d Ochsl, wos mar ollamol tuat, wan ma recht wos Gscheits sogg. „Mei liaba Freund! Wan ma wissenschäftlih sein will, därf ma nit auf oans denkn und afs onderi vagessn. Wan die Kältn die Körper zsomziacht, sa wirds in da koltn Nocht nit grod in Weg alloan zsomziachn, sa wirds wul a deini Füaß zsomziachn und kürza mochn!“

„Na!“ schreit da Hons, „meini Füaß loß ih ma nit zsomziachn.“

A so wartln (streiten) ma, sitzn uns worm ban Wirt, keman bar unsern wissenschäftlichen Dischkurs sogar a wenk in d Hitz, und wia ma die Zech zohln wölln, hot sih akrat ah d Rechnung a wenk ausdehnt ghobb.

Die Gonsleber

Wia da liabi Herr Kristus und da heiligi Sankt Petrus noh af der Welt umanondagonga sein, do sein s amol mit an Hondwerchsburschn zsomkema. Und wia s da Hondwerchsbursch hot wohrton, daß die zwen a foasti Gons ba se hobn, a zeckfoasti Gons, de da Herr Kristus fürn Pfingstsunta kafft hot — loßt er sih neamer ohschittn und zodlt mit.

Do legn sih die zwen, da Herr und da Petrus, amol in da Mittogshitz a wenk unter an oltn Birnbam, daß s a Schlaferl mochadn, und trogn in Hondwerchsburschn auf, der sull daweil die Gons brotn. Gern tuat er s, da Bursch, is a komodta, williga Mensch. — Nau aft nochha, wia die zwen munta wern und guats Muats onhebn zan schmausn ban Gonsbradl, sogg da Herr gach: „Eees, wo is dan d Leber?"

„D Leber?" frogg da Hondwerchsbursch. „Wos für a Leber?"

„Oba die Gons wird doh a Leber ghobb hobn!"

„Sullt ma moan", sogg da Hondwerchsbursch, „ih glaubs selba, daß ah a Leber do sein sullt, gleihwul ih ghört hon, daß in der Gegend do a Gottung Gäns geben sull, de ka Leber hobn, oder a so a kloanwinzi Leber, daß ma s klewa gsiacht."

„Du Bua!" sogg der Herr Kristus streng, „laugns nit! Du host da d Leber selber zuaglegg!"

Do springg da Bursch auf und schreit: „Na, do

muaß ih bittn! Ih d Leber gstuhln! Ih, der nix hot af da Welt wia sein ehrlichn Nom! Den ah noh raubn! Is ma mei Leppa no nit passiert. Dos is da Donk, daß ih Hulz zsamtrogn und Feur gmocht und die Gons brotn hon, daweil ees af d fauln Haut seits glegn! Dos wiar ih ma mirkn!"

„Nau, nau, nau!" sogg der Herr, „brauchst derawegn nit gar a so aufzbegehrn. Wird sih jo weisn."

In Tog drauf is s, wia die drei üba a Bruggn gehn, wird in Hondwerksburschn af oanmol wirbli (schwindelig) und er follt in Boch.

„Host d Leber gessn?" frogg n da Herr güati.

„Und wan ih dasaufn muaß", gurgelt da Bursch, „ih bin unschuldi." — Af dos kimpp er glückler afn festn Bodn aussa.

Wieder in Tog drauf schlofn die drei af ar an Heustodl; da Hondwerchsbursch tuat mit seina Tabakpfeifn um, auf jo und na brint da Stodl und da Bursch is mittn in Feur.

„Host d Leber gessn?" frogg n da Herr.

„Und wans mih brotn wiar an Ouchsn!" schreit da Bursch, „ih woaß nix va da Leber!" Af dos hotn da Rauchfonkkirer aus n Feur grissn.

Wieder in Tog drauf kemen s oll drei af ar an Kiata (Kirchtag). Do wird an Kroma sei Geld gstuhln; in Hondwerchsburschn hobn s as ziechn, pockn an zsom, wölln an aufhenkn.

Wia scha da Strick um an Hols is, frogg n da Herr Kristus: „Host d Leber gessn?"

„Und wan s mih ba die Füaß aufhenkn!" schwirt da Bursch. „Ih hons nit und ih hons nit gfressn!" —

Hoaßts: da Kroma hät sei Geld wieda gfundn; hobn in Hondwerchsburschn auslossn.

Hiaz is da Herr fuchti (zornig) und er sogg zan Petrus: „Du, däs is a vadonkta Strick, der Hondwerchsbursch. Ih kon mochn wos ih will, ih bring eahms nit aussa!“

„Herr“, sogg der Petrus holblaut, „däs Vulk kenst du nit. Dos is a Böhm. Loß mih mochn. Ih wir n gleih hobn. Leg dih selm hinta d Hedschnstaudn, und gstell dih, as wia wanst schlofn tast!“

Richti, da Herr geht drauf ein. „Ih woaß nit“, sogg er laut, „daß ma heint da Schlof aso zuageht! D Hitz mochts. Ih muaß mih a wenk in Schotn legn.“

Daweil er schloft, tuat da Petrus sein Geldbeidl außer, laart n af a Bret und toalt s Kupfageld in vier gleichi Häufla. Do schleicht da Hondwerchsbursch schen stad zucha, gugg und gampp aweil und frogg af d Leßt: „Bruada, wos tuast dan do?“

„Geld zähln“, sogg da Petrus, „woaßt, unseri Weg wern hiaz bold ausanondagehn und sa müassn mar unter uns in Bedlpfennig toaln. Schau amol, däs Häuferl, das ghört in Herrn; s zweiti do, däs is deins, und s dritti ghört mei.“

„Und s vierti?“ frogg der Bursch.

„Freunderl“, moant da Petrus und leggn d Hond af d Ochsel, „va den kriagst du nix. Däs Häuferl ghört in sebin (demselben), der dafür gsorgg hot, daß mir ondern uns in Mogn nit vadorbn hobn. Däs Geld ghört den, der d Leber hot gfressn.“

„Mein ghörts!“ schreit der Hondwerchsbursch, „meina Seel und Goud, mein ghörts!“

Die droschnen Drescha

Se hot ma da Helfunsgottschuasta dazählt und wan er luigt, luig ih ah.

Wia Kristus da Herr und da Petrus noh auf da Welt herum mitanonda gonga sein, is eahner ah amol s Geld ausgonga. Sogt da Petrus: „Herr, du bist a Schworzkünstla, hiazt gehn wir in die großn Städt und du spielst deini Zaubastückler und loßt dih zohln dafür; hörst, ih hon koan Groschn mehr in mein Beidl."

Da Herr hot n koan Ontwort gebn und hot schworz dreingschaut und da Petrus hot s gleih kennt und hot eahm denkt: Aha, hiazt han ih n harb gmocht. Er ist sist a guata Herr, oba wen s n einfolt, därf ma nix sogn — gleih is er schichti.

„Na", moant er drauf, „wan du däs nit willst, Herr, so gehn ma fechtn."

Sogt Kristus: „Oba, Petrus, du redst heint an rechtn Stiefl zsom, se kon ma da lossn! Noh so stork und scha bedln gehn!"

Sogt da Petrus: „Do kon ma freilih nix drauf sogn."

Da Herr roat't und roat't und auf oanmol holt s n ein. „Petrus", sagt er, „konst Hobadreschn? s kimt da Winta hiazt und die Baurn brauchn Leut auf n Ten (der Tenne), geh, stehn mir in Deanst ein bis Ostern oda, wan s d willst, bis Filippi"

Jo, n Petrus muaß s freilih recht sein, ober er

mocht a golhantis Gsicht und denkt ban eahm selba: Na, wan d e r eahm wos in Kopf setzt, so muaß s sein und da Gottvoda selba bracht eahms nit aussa!

Guat. Und so sein s ollzwen zan an oangschichtin Baurn kema, und da Petrus, weil er der älda wa, hot müassn onfrogn: „He, Vetta, braucht s koani Drescha?"

„War a recht!" moant da Baur, „oba fleißi müaßt s sein; hon viel Hoba baut heur; wia viel wölts dan hobn s Togs?"

„Die Kost, nix als die Kost", redt da Herr drein und da Petrus steßt n mit n Ellbogn und boflt: „Bist wul a rechta Tomerl, wo nehma ma dan s Tabakgeld?"

Oba s Gschäft wa gmocht und da Baur hot seini neugn Knecht gleih auf n Ten gführt.

No, und so is s holt ongongen und in gonzn Tog hot s daurt, däs Pimpalepampale, so daß inseri zwen scha Blodan (Blasen) in da Hond kriagt hobn. Und die Kost is ah noh hautschlecht gwen. Erdäpfl und a Wossasupn und aft Erdäpfl, und aft a saures Rührmilchkoch, und aft Erdäpfl und aft a Wossasupn, und aft wieder amol Erdäpfl, so daß da Petrus sogt: „Seits den ees Böhm? — Bäurin, wan da ka Sterz foal is, aft drisch dein Hoba na selber aus, ih nim mei Binggerl."

„Sei still, Petrus, da Baur is holt ah a orma Hascher und wan er s selba ba der Kost ausholt't, so bringt s ins ah nit um!" So hot da Herr gsogt und aft sein s wieder auf n Ten gonga.

Die Drescha hobn viel längeri Tag wiar onddri

Leut, se is wohr und inseri zwen hobn sih ollamol auf d Nocht gfreut. Auf n Heubodn hobn s eahna Bet ghobt und da Petrus hot gleih in der erstn Nocht gfrogt: „Herr, wia liegst dan liabar, außn oda herbei ba da Wond?"

Sogt da Herr: „Wan s d willst, konst herbei liegn, du gängst ma sist epa gor noh davon ba da Nocht!"

Die se Red wa nit schlecht gmoant, ober in Petrus hot s gift, bis n d Augn zuagfolln sein. —

Jo, s Dreschn is a hoati Orbat, und amol, wia da Baur in da Früah aufweckn kimt, hobn sih die zwen nur übadraht und sein wieda z nopfatzn kema (sind wieder eingeschlummert). Gleih is da Baur wieda do: „Na, steht s ma heunt nit auf? Vadeants enk nit amol d Supn, gschweigns die Brockn dazua!"

Die grob Red hot die zwen vadrossn und justament sein s noh liegn bliebn. — Steht nit long on, is da Baur wieda do, oba däsmol hot er an tüchtin Komarodn ban eahm, an hoslingan Steckn, und klopft damit n Herrn, der grod außn liegt, gottesästerlih durch. Se hot s gschreckt, sie sein aufgsprungen und da Petrus hot schön stad gsogt: „Mih ziemt, hiazt hot oana Prügl kriagt!"

„Se ziemt mih ah!" moant da Herr und geht auf n Ten.

In der oan Nocht drauf sogt da Petrus: „Du Herr, wan da Grobian morgn ah wieda kimt, so loß ih mih prügeln, leg dih du zuwi za da Wond." Jo, se war in Herrn gleih recht und er is herbei glegn.

Wias a wenk liacht wird, kimt da Baur scha wieder und schreit: „Jo, wos is dan däs? Wort, ih ziah enk d Faulheit noh aus, se gib ih enk schriftlih; und heint konst mein Steckn du ba da Wond herbei amol kostn, daß du ah a Prüglsupn kriagst!" und haut wieda üba n Herrn zua, viel stiaka wias vorimol, daß d Hüll schön gstabt hot. —

Se war in Herrn z viel — „Baur!" sogt er, „wan s d auf deini Hobagorbn a so zuaschlogst wiar auf deini Drescha, nochha bringt s Körndl alloan ah aussa, mir schaun uns um an ondern Plotz!"

Aft sein s ohgfohrn.

Sein weitagongan. Gach bleibt da Petrus auf da Stroßn stehn und sogt kloanlaut zan Herrn: „Du, dei Bugl muaß schön ausschaun!" —

Sölchti Gschichtln von Herrn Kristus und von Petrus stehn viel in oltn Gschriftn. Se sein net schlecht gmoant. Auswendi Gspoaß und einwendi Ernst. Nit s ersti- und nit s leßtimol, daß da Herr Kristus für ondri hot leidn müassn.

A hoarti Buaß

Da Heidlgugu zo Wogelstoan traut sih schon a Weil nit zan Beichtstuhl. Sei Binggl is oanmol scha z groß worn. Und wia länga, daß er s aufschiabb, wia größer wird er ollaweih noh, da Binggl. He saxn, wan er d e n amol einiloachn kunt ban Beichtstuhlgader! Zizerlweis, daß da Herr Pfora nit go z laut wurd. Die Zeil hintnoch schmeckts eh gleih, wans a wenk wos hot. Is a zwideri Soch däs.

Ober sein muaß s douh wieder amol. Wia zar Ollerheilign wieder die Beichtzeit kimbb, nau, do probiert er s holt. Um a so a Beichtzeit is s zan gscheidern, do kon da Geistla sih bar oan nit long aufholtn, do gehts mehr überhabbs. Nau, sa stellt sih da Heidlgugu in die Zeil, manerseits natürla; heint hoaßts schön deamüatifrum d Augn zuamochn und nit epper umispeanzln af d Weibaleitseitn. Endla kimbb er sa weit zuwi, s Schuberl geht auf, er steckt sei Nosn ins Gaderl und bet't seini Sündn eini. Da Pfora loant sein grabn Kopf her, holts Socktüachl vors Gsicht, hört zua. Sogn tuat er nix, loßt n duschln. Oba wiar er ausduschlt hot ghobb, da Heidlgugu, wiar er nix meh woaß, und wiar er wort't drauf, wos hiaz da Pfora wird sogn: do rigelt sih da Pfora, draht sein weißn Kopf, holt n an Lehr va wegn, daß er sa lang nit ba da Beicht war gwen. Müad eahm schon extra wos onhenkn. Nau und nochha gibb ern die Buaß auf.

— Da spitzt er amol seine Ohrwaschl, der Heidlgugu. Da Pfora mocht s Kreuz und hiaz war er lousgsprochn.

„Däs is besser ohgonga, wiar ih ma denkt hon“, moant da Heidlgugu, bol er von Beichtstuhl dona woglt. Und daweil die ondern Beichleut in d Kirchn umanonda knean, ba den Winkel a wenk, ban ondern Winkel a wenk, und eahna Buaß varichtn, steagelt da Heidlgugu ba da Kirchtür aussi und geht ins Wirtshaus.

„Wos mogst, Heidlgugu?“ froggn da Lampelwirt. „Host ohglegg heint?“

„A wenk wul, a wenk.“

„Nau, is recht. Hebst holt hiaz wieder on, fleißi aufzfossn. Wos därf ih da bringa?“

„Bring ma zerst amol an Liter Wein.“

„Hau saxn! Du gehst as heint schorf on.“

„Heind wul, heind“, moant da Gugu und setzt sih schen broat zan Tisch zuchi. „An Liter Neugn trink ih.“

Und wiar er eahm in Wein schmecken loßt, der is süaß und schneidi dabei, hot noh nit amol ganz ohgjesn; und wiar er aus sein Janggasäckl a Schial Brot ziacht (sei guats Weibl denkt holt douh af olls!) und dazuabeißt, do woglt er mitn Koupf, macht a lacherlads Gsicht und sogg güati zan eahm selber: „A sölchti Buaß loß ih ma gfolln, a sölchti. Wird schon ah wos zu bedeutn hobn. Hon öfter scha ghört, in Wein lag a Gnod, in Wein. Und gor in neugn, der erst va da Gouttasnotur eina kimbb und no nix pontscht is. Gsegn Goud!“ — Und trinkt mit Ondocht oan Glos ums onder und kifelt hoaßi Kästn dazua, de eahm die Kellnerin von Kirchplotz, von Kästnröster, hot einabrocht.

Nau und nochha, wiar eahm da Wirt denkt: Begieri bin ih, ob ers ah zahln kon, sei Zech, da Heidlgugu — nimbb er d Floschn ban Hols, hebbs af d Höch und sogg: „Füll noch, Lampelwirt."

Denkt eahm da Wirt: Nouh amol nochfülln? — Wos is dan den heind possiert, daß er an Rausch braucht? — Er bringg af dos in zweitn Liter und da Gugu sitzt still und ondächti dabei und trinkt n aus.

Wiar er nochher a Stund später — zohlt hot er propper , ei jo! — ba da Tür aussi tirggelt, do wills hasn z eng wern, die Tür; und da Weg, wo sist zwen großi Heuwägn überall kinen ausweichn, in Heidlgugu wird er heind z schmol. Die Grodn is heind nit zan treffen. Varuckti Welt dos! Da Huat is n übers Gsicht oha grutscht und aftn wiar er n zruggschiabb, follt er hintn ohi af n Weg. — „Hot holt ah oan, mei Filz", locht da Gugu hoaseri auf, „sul liegn bleibn, wo s n gfreut. Ih leg mih ah nieda." — Unter an olter Eschn is er na gleih aso af d Erdn kugelt, is bumfest liegn bliebn und hot gschnorcht, as wia wan a Por Lanftn schobln tadn in seiner Gurgl.

Dahoam in Häuserl wort't sei Weib af eahm mit n Mittagmohl. Ohgschmolzni Bretzn hot s eahm kocht, de ißt er gern. Heint muaß mar eahms scha gunna, wos er gern hot. Ober er kimbb nit hoam. Ma woaß nit, zwe da Gugu nit hoamkimbb. Dos is jo sist nit sei Gwohnheit. Spot nochmittog legg s Weib ihr Joppn on, nimbb in Steckn und geht n suachn. Und wia s n unter der Eschn findt, weckts n auf und frogg, ob eahm wos fahlad.

„Jo freilih, damasch Koupfweh! Und sou viel übel!“

Sie steht still und schaut n an Weil on. „Du Gugu! Mih zimbb gor, du host an Rausch!“

„Jo freilih, mei Olti. Zerscht is a Rausch gwen, hiaz is s a Kotznjomer! Mei Lepper is mah nouh nia sa schlecht gwen. Auweh, auweh! Is däs a Buaß! Das hät ih nit glaubb. Sou viel Sündn begeh ih neama, däs woaß i. Auweh, auweh!“

„Oba Mensch, wia kimst dan du zar a sou an Rausch?“

„Da Pfora, mei liabs Weib, da Pfora! A sou a horti Buaß hot er mar aufgebn — a so a horti Buaß!“

„Geh, wos plauscht dan! Gsouffn host.“

„Jo freilih, mei Olti, freilih hon ih gsouffn. Weil er mas auftrogn hot.“

„Wer, da Pfora?“

„Da Pfora hot mar in Beichtstuhl a zwoa Liter neugn Wein aufgebn.“

— Wos hiaz dos wieder is! Sie kent sih nit aus. Liegn loßts ihrn Mon und laft in Pforhof zua.

„Owürn, Herr Pfora. Er lüagg so sist nit, mei Mon. Oba heind —. Do oubn unter der Eschn ligg er und hot an Eselsrausch. Afn Pfora redt er sih aus; a sou a Buaß hät er aufkriagg, sogg er.“

„Der Heidlgugu! Ja, der is heut bei der Beicht gwesn.“

„Und wos er narrisch daher redt! Ols Buaß hät eahm da Herr Pfora zwoa Liter neugn Wein aufgebn.“

„Was?“ frogg da Pfora, „was hät ich ihm aufgebn?“

„Zwoa Liter, sogg mei Mon. Zwoa Liter Neugn.“

Da Pfora schlogg d Händ zsomm. As wia wan er ohnmächti wurd, sinkt er in sein Ledersessel eini, schlogg nouhamol d Händ zsom, aft schreit er s laut ausser und völli woanad wird er dabei: „Zwei Litaneien hab ih gsagt!“

Olti Liab

„Geh, Monerl, geh in Gottesnom,
Do host an Weichbrun, moch a Kreuz!
Do nim dei Rachzeug, steck dar s zsom,
Und s Griasbeil, selm in Winkl leits;
Do gib ih dir a Busserl mit,
Däs deant d guat und bschützt dein Lebn;
Gib obacht drauf, valuis ma s nit,
Wanst hoamkimst, muaßt ma s wieda gebn.“

A stoanolts Muaderl, däs so sogt
Zan oltn Vodan, geht er aus.
Sie schautn noch, so longs n siacht,
Und lacherlad (lächelnd) steigts zruck ins Haus.
Um Gotteswilln, wos muaß däs für
A Lebn sein gwest, a Glück und Freud,
Wans heint enk noh va lauta Liab
Nit zhelfn wißts, ees oltn Leut!

Wia da Rumpelbacher sein Feind verzeicht

D Welt war hasn hisch weit und broat, moant ma. Nit wohr is s. Wo a zwen Großbauernhöff nebnanonda stehn, do wird s gwiß ollamol z eng.

Ah ban Bamelberger und ban Rumpelbocher is s nit ondersta. Um an iadn Kletzn streitn s und raffn s, de zwen Großbaurn, und kleba, daß oa Feindsaligkeit aus is, hebb a neugi on. A so keman s eahna Leppa nit ausser aus Gift und Goll und wan oaner an schlechtn Tog hot, so hot der ondri an guatn.

Hiaz gach wird da Rumpelbocher schwar kronk. Da Boda muaß her. Do Boda kimbb und schofft in Geistler on; do woaß ma s eh scha: Da Boda, a Geistler — und da dritt is da Todtngroba.

„In Gottsnom!" sogg da kronk Rumpelbocher, „wan s nit onderster is, ih gib mih drein!" Und legg sei Beicht oh, wia s as sih ghört.

Ober in Geistla, den is gor nit ums Wia s as sih ghört z toan, der will wos Guats wirkn und in Sterbendn an christlichen Eingong in Himel vaschoffn. „Noh a por Wörtl hät ih z redn mit dir", sogg er zan Baurn. „Wanst eppa gegn wen an Feindschoft sullst hobn, so denk za der Stund an unsern Herrgottn, der afn Kreuz sein Feindn vaziechn hot!"

„Wul, wul!" moant da Baur. „Gern woll ih s toan. Is jo mei Schuldikeit, daß ih mein Feindn vazeich. Holt, bis af oan. Mein Nochborn, in Bamelberger, den kon ih nit vazeichn, der hot mar olls zviel Gift und Irger onton, mir und mein Vodern. Olls, wos s na Schlechts gibb! Die Deanstbotn ohgredt, Stoan auf meini Felder gschmissn, die Küa af da Wiesn ausgmulchn; na, na, den nit, den!“

„Jo, mein liaber Rumpelbocher, dos geht nit!“ sogg da Geistla, „do därfst koan Ausnohm mochn. Olln muaßt vazeichn, und wia größer da Feind is, um sa herzlicher muaßtn vazeichn. — Dei Nochbar, da Bemelberger! Schau, wanst hiaz vors Gricht Gottes müassast, der Feindschaft wegn mit dein Nochbarn wurd s da schlecht gehn! Denk af s Sterbn, Baur, und vazeich eahm!“

„Won s scha nit onderster is“, moant hiaz da Rumpelbocher, „in Gottsnom! Wan ih sterbn sult, sa sul n vaziechn sei, mein Nochbarn; wan ih oba wieder auf kim, nochha — nochha bleibb s ban oltn.“

Jessas, Graupn!

Nahst Wochn vor Weihnachtn hobn ma gschweindlt. Und wia ma grod fest ban Schunkneinsolzn sein und ban Graupnausbrenen und ban Wurschtln, steigt der olt Zenzl-Vetta daher — va mein Aehndl sei daheirata Moam a rechta Bruada — und moant, er müad a wenk rostn gehn.

„Is eh recht", sog ih, „geh na her, schau, daß dih wo niedasetzn mogst; is überoll vull Graffl, weil ma just schweindln toan heint", hon ih gsogt.

„Ah so, schweindln tuats", sogt der olt Fuchs, as wia wan ers nit umaliegn hät gsechn af olln Bänkn und Schragn, die Trüma va da Sau.

Daweil kimt mei Weib mit da Schüssel va da Kuchel eina: Graupn (Speckgrammeln) häts, sultn a Brot dazuabeißn.

„Jessas, Graupn!" pfnecht da Zenzl-Vetta.

„Geh, kost ara!" lod ih n ein, „loß dih nit long bittn, Graupn muaß mar olssa hoaßer essn. Hanserl nim in Kruag", sog ih zan kloan Buabn, „bring an Most. Foasti Graupn und an Hulzäpflmost dazua — bleibt nix liegn in Mogn." — Wul gwiß nit.

„Jessas, Graupn!" othmazt da Vetter oans- ums ondrimol. „Sar oft ih va Graupn hör, gspür ih wos afn Bugl."

Af den Schrockn nehma ma die boananan Löffl, hot a holbs Pfund auf oan Plotz, wer s Auflodna kon;

und wia die Grundfestn glegt sein in Mogn, und daß schön stad weitabaut werdn kon — gstot Ziagl Graupn, gstot Maltar Hulzäpflmost — do hebt da liabi Zenzl-Vetter on und dazählt a Raubagschicht.

„Schau, Peda", sogt er, „sida sechzg Johrn hot sih viel veranert (verändert) af da liabn Welt; oba Graupnausbrena ton s heint akrat noh a so, wie ba mein Aufwochsn."

„Und essn wern sies ah nit viel onderst", sog ih.

„Wer woaßs!" moant da Vetter und tuat weita: „Derf a so a zechnjährigs Büabl sein gwest — ober a Spitzbua! Hobn mar ah amol gschweindelt dahoam. Daweil mei Voder in da Kuchl Schunkn einboaßt, muaß ih in da Koma Darm aufblosn. Mei Stiafmuada, de hot so guat Würscht mochn kina, mit Ghocktn und Speckfleck gfüllt, Semelbrösla dazua und Pfeffa druntagmischt; hots za Weihnochtn in d Nochborschoft gschickt, in guatn Freundn: da Bochschuastarin drei Por, da Richterbarin drei Por, da Bodarin drei Por, da Beckin sechs Por, weil de ollamol a Kletznbrot zruckton hot. Nau, und do sein die Darm zerst aufblost und zuabundn und vor da Füll afn Rachbodn in d Luft ghenkt worn; und däs Aufblosn, däs is mein Orbat gwest. — Mir is um d Würscht nit viel gwest, oba die Graupn! Die Graupn, mei Liaba! Mei Muada hot va da Sau d Foastn (Fett) ausglossn fürn Wintafoschin (Fasching) und die Graupn hots gern aufgholtn fürn Suma zan Krauteinmochn und Knödleinfülln. Ouft hon ih ma denkt, wegn wos da God Voter in Odam und Evan grod an Opfl hot vabotn und nit di Graupn! Zar Ollaheilign, wia da Schnee is keman und die olt Sau in Stol na meh mit Ruabn und Erdäpfl bontscht (gefüttert) worn is, hon ih mih schon onghebt zan gfreun af Weihnachtn wegn an Schweindln, und afs Schweindln wegn die Graupn. Ollamol an faustdickn Speckbochn hot mei Vota va da Sau zogn, hot d Muada ausbrent za Graupn — und wia die Graupn dogwest sein — hon ih koani kriagt."

„Tröst dih drüba, Zenzl!" sog ih.

„Tuas eh, tuas eh", moant da Vetter und haut in d Schüssel.

„Nau, und in sewin Tog", so dazählt er weita, „wiar ih in da Koma Darm aufblosn muaß, steht da Graupn-Degel nebn meina. Bramelvul mit frisch ausbrentn, foastn Graupn. — Zenzl! sog ih za mir selba, heint begehst a Todsünd.—Ah, mocht nix, in Heilign Obnd kimst eh za da Beicht — und heb on zan noschn. Wiar ih a weil a so nosch und wiada Darm aufblos dabei, do wird mar ongst und bong. Heint host as — oba morgn? Wos host morgn? Morgn loßt mih d Muada nit mehr in die Koma; die Graupn hon ih zan letztnmol gsechn. Do — wiar ih a so aufblos — zwickt mih s Duiferl, a kloanswenk zwickts mih. Kimt ma da Gedonkn: gstot daß d die Darm aufblost fi d Würscht, fülls mit Graupn! Fülls mit Graupn, konst afn Rachbodn olli Tog oani schmausn, a Graupnwurscht. — Ton hon ih s. s holbadi Häfn hon ih ihr ausglart, da Muader, und in die Darm gfüllt; und in Häfn s Noagl aufgwiedelt (aufgelockert), daß wieder a wenk a Gupf worn is. Aft nocha wiar ih firti gwest bin, hon ih die auf selchti Weis aufblostn Würscht auffitrogn afn Rachbodn, bin af d Loata

(Leiter) gstiegn, hons af d Selchstongen (Räucherstange) ghenkt, und wia dos olls varicht't is, sogt mei Voda: brav bist gwest! — Hiaz muaß ih amol trinkn."

Wort gholtn hot er, da Vetta, trunkn hot er.

„Host holt aftn guati Tag ghobt, Zenzl!" sog ih.

„An oanzign!" moant er, „an bluatoanzign. Wiar ih in zweitn Tog afn Rachbodn geh um mei Graupnwurscht — is d Loata weck. Da Vota hots braucht aufn Kornbirl (Kornscheune) draußt. Ih steh bockstarr und schau. Do henkn s obn, über und über aufblunznt, und ih kon nit auffi. — Olli Tog bin ih schaun gongen auf mein Bodn, und wiar ih gsechn hon, s war olls umsist, dazua kunt ih nit; und wan d Muada Plunzn fülln geht, findts die Graupn und ih kriag mei Mettn — hon ih ma denkt: In Gottsnom! — Wia die Kina (Kinder) scha sein, hon vagessn drauf, hon af da Gsteggn daußt gschandert, hon Schneemandl gmocht und in Gaustawetta hon ih mih in da Hulzhüttn ghutscht. Mei Muader s ollaweil granti gwest und vor die Feita (Feiertag) scha gor, um und um d Händ vul Orbat, woaß mar a so. Und is ihr in da Hulzhüttn hiaz d Hutschn (Schaukel) in Weg gwest. Hot mas mei Voda owagnoma, hot mas afn Rachbodn aufgmocht, do obn hät ih d Weitn. Hot ma paßt, hon mih fest wacheln lossn hin und her, daß s nar olls ghimlazt hot. Du — und während n Hutschn, do nim ihs wohr, daß ih a pormol, wiar ih mih recht in Schwung bring, af da vordern Seitn in Graupnwürschtn in d Nahad kim. Jessas, die Graupn! Follts mar ein, holt mih mit boad Händ ban Strickn fest, heb on mit olla Kroft hin- und herzhutschn;

wiar ih mitn Hintern hoch obn ba da Wond onbums (anstoße), denk ih ma: guat is s, kimst af da ondern Seitn a h sa weit: host as. Zsomgschnoafft (zusammengekauert) hon ih mih afn Hutschbretl und mit n ausgstrecktn Füaßn gfongt nochn Graupnwürschtn, sar oft ih eahna in d Nahad bin kema. A pormol hon ih ongstupft mit n Zechan, daß gschneblazt (gezuckt) hobn af eahnan Stongen — hiaz! — hiaz! Noh a por Bumsa muaß ih ma gfolln lossn aufn Bugl — hiaz! — ah, hiaz hon ih oani! Mit n Zechan hon ihs dawischt und zsomzwickt, wia die Kotz a Maus. — Wias so weit stad geht, hupf ih afs Fletz (Fußboden) und daß ih zan Schmausn kim. — Oba denk da, Peda, s nämlih Duiferl, däs mih ehanta va wegn die Graupn hot zwickt, muaß hiaz mein Vodan hobn gstupft: wiar ih mih grod üba die Graupnwurscht mochn will, hör ih üba da Stiagn auffa seini Wintatromppa (groben Winterschuhe). Afn Rachbodn steht an olt Kleibntruchn (Kleientruhe). Ih nit faul — mit da Wurscht eini — die Deckn üba mih zua.

Da Voda knobad (poltert) daher, siacht noh d Hutschn glanggln (schaukeln), siacht noh die aufblostn Darm wedln (hin und herschlagen) af da Stong, hebt on zan scheltn: „Wos hot er ma dan do wieder ongstellt, der Deixls-Bua! Mih zimt gor, üba d Wurschtblodan is er ma kema! Und de auszedatn (verstreuten) Graupn do umanond! Wo is er dan? Hon an jo grod umanondknoban ghört do herobn. Na wort, Zwergl, vadonkta, wan ih dih find, heint solz ih dih, heint! Die gonzn Blodan sein vawiast (verwüstet). Is mar eh z gscheit gwest, wo die Graupn warn hinkemen in da Koma! Büabl gfreu dih, heint kriagst dei Morch!" — Sa viel ih durch die Klumsn (Wandfuge) siach: An oltn Selchsteckn nimt er in d Hond und brumelt gifti üba d Stiagn owi. Nau, guat, denk ih ma, wan da Selchsteckn mir vamoant is, do wirds lusti wern. s wird nit dum sein, ih schliaf ban Dochfensterl aussi, rutsch übas Doch owi afn Schnee und schleich ins Dorf za da Godl. — Wiar ih aus da Truchn will, geht die Deckn nit auf — is s Gschloß eingschnolzt. — So, denk ih ma, Zenzl, hiaz bist gut aufghebt. Afn Kleibn is s schön woach liegn, wo mar a Gruabn braucht, do druckt sa sih aus. Und hiazt kimts af dih on, willst in Selchsteckn heint noh kostn oda morgn. Heint nit, denk ih ma, heint iß ih liaba die Graupn. Und holt mei Nochtmol und bett mih schön kamodt af die Kleibn. — Müad lüagn, wan ih sogad, daß ih schlecht gschloffn hät. Go nit. Wird oan worm, sa bachalt (packt) ma sih aus, wird oan kolt, so grobt ma sih besser ein. Ba den Eingrobn kim ih in da Früa, wiar ih munta wir, af Oar (Eier). Mei Muada ho Oar gern in die Kleibn glegt, do lossn sa sih gholtn. Is a Speis von Himel gschickt, denk ih ma, wiar ih mih in da Früh ah no nit z meldn trau, und daß ih in Selchsteckn aufschiabn will bis Mittog. — Z Mittag kemans suachn, da Voder und d Muader, afn Rachbodn. „Heiligi Muader Anna!" sogt mei Voda, „wo er dan kon hinkema sein, mei Bua! s gonzi Dorf ahgsuacht, ninaschd (nirgends) z findn. Mei Zenzl, wos is dir übafohrn!" — „Na wort, der sul eahms mirkn!" sogt d Muader, und ih hon ihri Zähnt hörn schoagazzn (knirschen), wia s aus Gift und Goll zsombissn hot. — Meldtst dih nit! denk ih ma, bleibst noh in da Kleibntruchn. Trink drauf an etlar Oar aus, bind ma s Gsicht mitn Schneiztüachl ein, daß die Kleibn nit überoll zuwikitzln, und vagrob mih wieder."

„O du Holbnorr!" sog ih zan Zenzl-Vettern, „wia long willst dan noh in da Kleibntruchn bleibn?"

„Bis s woach wird, d Muada!" moant da Zenzl, „bis s ollzwoa z jamern kemen ums valurni Büabl, bis s n nix Schlechts meh nochsogn, bis s die Todtnmeß lesn lossn — aft geh ih fira. Und daß ih mit Gottes Hilf in Selchsteckn auskim."

„Und bist n auskema?"

„In drittn Tog kimt der Omtmon — setzt a Gschrift auf, daß da kloa Bua in Valur (Verlust) gongen is. Mei Muada will in Omtmon a Straubn bochn, geht afn Rachbodn za da Kleibntruchn vawegn die Oar, draht n Schlüssl um, mocht die Deckn auf. Ih schlener (stäube) ihr d Augn vul Kleibn on, schiaß aussa wiar a Kotz, burr owi üba d Stiagn und aussi ban Loch. s gonzi Haus is rowellisch; mih mocht die gach Schneeliachtn stockblind, kugl eini in die Gwahrn (zusammengewehter Schneehaufen) — do hobn s mih dawischt . . ."

„Ober ausgschaut wirst hobn, üba vul Kleibn!"

„Ka Staberl davon ist in da Hosn bliebn, mei Mensch! Bis af s letzt Spisserl hot er mas ausgstabt, mei Voda."

Die Gschicht is aus gwest, die Graupn sein gor gwest. „Sei Tog, sei Tog!" sogt da Zenzl-Vetter, „is s heint scha vieri? Vagelts Gott, Peda! Glückseligi Feiter ollaseits! — Jessas, Graupn!"

Da Vierkreuzabotzn

Ih sog holt ollamol: Viel Geld is nit vonnöten, oba recht onwendn muaß mas kina.

Nahst Sunta hon ih an kloan Hondl ghobb mit n Bäcknwirt.

„Wirtshaus“, sog ih, „geh her a mol, ih muaß da wos sogn.“

„Gleih, gleih“, sogg er, „siachst as dan nit, daß ih d Händ vul Gläsa hon! D Leut sein dursti.“

Ahan, denk ih ma. Heint sein s dursti. Sist, wan er mit da saubern Frau Lederermoasterin banonda sitzt, do derf ma sih d Lungl ausschrein, bis ma sei Tröpfl Wein kriagg. Heint sein s dursti — nau, ih glaubs!

Endler is er do, da Bäcknwirt und moant, ih sult nit sa viel regnan lossn, er hät seini Ruabn gern druckn in Kella.

„Du Wirt“, sog ih, „loßn ma hiaz Regn und Ruabn af da Seitn. Du wirst dih erinern, daß mar in Kirchwahsunter af d Nocht do ba den Tisch banonda gessn sein.“

„Wird eh sein“, sogg da Bäcknwirt.

„Und daß d ma — wiar ih mei Zech zohlt hon — an Fünfabangganotn gwechselt host.“

„Das kunt ih net meh recht sogn. Sein kons eh“, moant da Wirt. „Oba du — muaßt scho vazeichn, ih muaß schaun, daß da Semeltoag ausknetn wird. Mei Bäcknjung steckt scha wieder in da Kuchel, der Sagara! Und heint is großi Bäck. D Ollaheilignsemeln für die Ormen, du kenst jo den dumen Brauch; oba nau, wos kon ma mochn!“ Soggs, und will wieda davonrena.

Do schrei ih in die Kuchel aussi zan Bäcknjung, er sult Semel aussaknetn gehn, da Herr Wirt miad in Gästn aufwortn. Is ah gleih ba sein Gschäft gwen, da Bäcknjung, und da Wirt hot ba mir sitzn bleibn müassn.

„Jo, und daß ih sog“, red ih weita, „du host mar in Kirchwahsunter af d Nocht an Fünfabangganotn gwechselt und host mih ongschmiert!“

„Ongschmiert? Ih dih?“

„Knopp an Guldn hot die Zech ausgmocht.“

„Richti, is eh wohr, hiaz follts mar ein, und ih hon da von Fünfa vier Silbaguldn zrugg gebn. Oan bist schuldi gwen“, sogg da Wirt und mocht a schreckbor ehrlichs Gsicht.

„Du Wirt“, sog ih, und tua mei lederanas Geldbeiderl ausanonda, „du host ma drei Silbaguldn und an Vierkreuzabotzn aussagebn. Ba deina Totnbohrfunzn hon ihs zwenk gsechn, und wiar ih hoamkim und mein Weib in Geldbeidl gib, hoaßt s mih mir nix dir nix an Lumpn, der in a Stund zwen gonzi Guldn vasauft und noh nit amol an Rausch hoambringg — a Zoachn, daß ih mehra gwohnt war. Und kim ih hiaz drauf, daß sih da vadonkti Vierkreuzabotzn fürn viertn Guldn ausgibb. Hot sie holt vagriffn, da Bäcknwirt, denk ih ma, mei Gad, is jo leicht migla, daß ma sih amol vagreift, da Botzn is sa groß und ah sa schwar, wiar a Silbaguldn.“

„Do hört sih olles auf!" gromelt (grollt) da Wirt, steht auf und legg sei Faust hasn (fast) stork afn Tisch, „sa kenad ih s Geld nit, moanst, oda hät dih zfleiß ongschmiert! Ih bin scha zwoanzg Johr Wirt und wiar eppa a wenk mehr Geld in da Hond ghobb hon, as wia du dei Leppa gsechn host, mei Liaber! Und ih schau mei Geld on, ob ihs ausgib oder einnim! Wer woaß s, w o du dein Guldn vadredlt (vertan) host, ban Hoamgehn! Und ih hät folsch aussagebn! D o schauts her!"

— Er laugnts (leugnet es), denk ih mar. Bin freilih fest übazeugg, daß er mein Guldn hot, grod weil er a so aufbegehrt. Dös is vadächti. Oba weil er s amol laugnt, sa kon ih nix mochn; ih häts besser onschaun suln, s Geld, wan er ma s in d Hond gibb. Kan Hondl und ka Feindschoft mog ih va wegn ar an lausign Guldn nit onhebn. Loß eahm an, denk ih mar und sog: „Nau, wanst du s gwiß woaßt, daß d ma vier Guldn host aussagebn, sa muaß ih da s glabn."

„Nau, ih moanads ah!" sogg er kernfest und geht zan Bäcknjung, der ban Bochtrog mit boad Händn in Toag hin und herschmotzt. Da Wirt wischt sih sei Hond a wenk in da Hosn oh, greift a kloans Batzl aus n Trog und leggs ols Gwicht af d Wogscholn. Klewa nußgroß is s Batzl, klewa nußgroß. Und däs sult in Ormaleut-Semeln eahna Gwicht wern? — Na, wort, Bäck! denk ih ma. Und wiar er in Bäcknjung schorf auftrogg, dreihundert Stuck, und j o nit schwarer z bochn, as wia die Gwichtsemel, de af da Wogscholn ligg, und wiar er nochha ba da Tür aussi geht und da Bäcknjung noh gschwind in die Kuchl rennt um sei Kaffeelackel, weil er mit da Köchin guat on is — husch ih gschwind hin zan Bochtrog und steck mein Vierkreuzabotzn ins Toagbatzl va da Gwichtsemel. — Sou, denk i ma, do host dei Vierkreuzastückl wieda, dös d ma so schön fein um an Guldn vakafft host, wird da guati Zinsn trogn, vahouff ih.

In ondern Tog in olla Herrgottsfrüa kemen s scha, die Ollaheilignstritzlsomla, die ormen Leut mit eahneri Sackler, und vawundern sih hell üba die großmächtign Semeln, dä däsmol ban Bäcknwirt toalt wern, und ma tat n holt douh unrecht, wan ma n für an Geizhols ausschreiad. So großi Semeln hät ma neama gsechn seit zwoanzg Johrn, wo s Korn onghebb hot, wulfeila z wern. „Vageltsgott, ztausend mol! Vageltsgott Ollaheilign!"

Endla kralt da Bäcknwirt va sein Fedabett ausser und wiar er oani va die Ollaheilignsemeln siacht, gibb s n eh gleih an Stich ins Herz. Und richti, oll seins s so groß, oani wiar oll! Hiaz gibbs a Mettn! Da Bäcknjung vaschwirt sein ormi Seel, er hätts nit um a Grandl schwara bochn, wia die Gwichtsemel war gwen. — „Her mit da Gwichtsemel!" schreit da Bäcknwirt, „siagst as, wos däs für a netts Dingerl is! Und du bochst de oltweltischn Knedler aussa, de unförmign, daß s a Schond is!"

„Ober ih bitt, Moasta! s Gwicht. Thoa ma s wäign!"

Und wia sies richti wäign, sogg da Bäcknwirt: „Hot dan do da Teuxl sei Gspiel! Akrat sa schwar!" —

Ih geh sist nit ins Wirtshaus in da Früa, oba dösmol hon ih eahms nit kina schenkn. Kim grod recht, wiar er sih höllasch gift't, da Bäcknwirt.

„Vadonkta Kletzn!“ sogg er und druckt die Gwichtsemel mitn Fingern broad. Da medert (drückt) er in Vierkreuzabotzn aussa.

Schaut n a Weil on. „Du!“ sogg er und schiaglt (schielt) gifti af mih her, „de Bosheit is va dir! Du host a Vierkreuzastückl ghobb, däs a Kringerl hot afn Rond!“

„Sou!“ sog ih, „a Kringerl hots, mei Vierkreuzastückl! Wia bist dan du go sa guat bekont damit, han?“

„Do! Do host n!“ schreit er und reißt sein Geldbeidl aus n Hosnsäckl, „do host n, in Silbaguldn! Ih schenk da n! Ih wir derawegn nit orm wern. Do host dein Schmorn!“

Und schmeißt ma s Silbastückl vor d Füaß, daß s af d Hech springg, davonhupft und untern Tisch eini radlt (rollt).

„Ghört ah in Ormen!“ sog ih, „oba däsmol hat a lumpiga Vierkreuzabotzn mehr ausgricht’t wiar a hellglonzenda Silbaguldn. Derawegn sog ih: Recht onwendn muaß ma s Geld kina!“

Da Steirer vor da Himeltür

In olla Morgenfrüa. Da Himelpolost steht do in guldenen Sunschein. Da Petrus, der olt Türwogl, kampelt sein weißn Bort aus, legg sein lonkn Suntarock on und setzt sih vor da Himeltür afs Schamerl. Nimbbs Fruahstuckhäferl zwischn die Knia und hebb on zan löffln. „Scha wieda däs Gschloda, däs fadi!" brumelt er. „Notürla, Kaffee! Kaffee! Onders gehts neama. Nit amol da Himel wa meh gonz, ohni Kaffee! — A guadi Milchsuppn! A Griaskoch, wou sein de Zeitn! Und der Rahmstrudl, won ih denk, dens ba mein Aufwochsn hot gebn! Der Rahmstrudl! (Schnolzt mit da Zung.) Nau!" — Er schaut über d Leitn owi und siacht unt af da Wiesn oan liegn. A Hondwerchsbursch oda so wos. A junga Kerl is s. Wird wieda so oana sei, der die gonz Nocht — woaß da Teixl wos! Und ban Tog schlofn. Faulpelz!

„Du Strabanza!" schreit da Petrus owi. „Wer hot dan dirs dalabb, af unsa Himelwiesn s Gros zomknotzn?"

Da Frembbi, der riegelt sih, draht sih um, wetzt d Augn aus und goamazt (gähnt).

„Nau, wirds?!"

Da Bua af da Wiesn setzt sih auf, siacht in Petrus, kampelt gschwind mitn fünf Fingern sei Hor aus n Gsicht und sogg: „Guad Morgn, Herr Petrus! — Ih steh schon auf. D Läufln sein mar a wenk star. Bin die gonz Nocht gonga. Und hiazt tat ih holt fleißi bittn —."

„Aha, in Himel möchst eini, gelt?"

„Wul, wul! Bitt gor schön."

„Wos bist dan für a Londsmon?" frogg da Petrus.

„A Steirer bin ih."

„Sapperawold eini! A Steirer! Nau, selm wul, selm. Kim nar auffa. Für d Steirer hobn mar ollaweil Plotz in Himel. Du, wort a bissl, ih moch die groß Tür auf. Da Goud Voda hot für enk Steirer extra oani ausbrechn lossn — zwegn die Kröpf."

Da Bua bleibb oba vor da Himelstür stehn, stopft sei Pfeiferl und geht nit eini.

„As is schon offn!" sogg da Petrus.

Da Bua kläubelt Schwom und Fuirstoan aus n Hosnsäckl, schlogg Fuir, und daweil er in Pfeifnspitz zwischn an Zähntn holt't, sogg er:

„Ih hät holt wul nouh a Bitt, Herr Türwogl!"

„Nau, aussa damit."

„Wan do dinen — in Himel holt zwoa Platzln tatn sein!"

„Zwoa? Za wos dan zwoa? So a Büabl, a gfüags, wird wul af oan ah noh Plotz hobn, denk ih!"

Da Steirer tuat in Schwom ins Pfeiferl, ziacht a pormol on, und wia s brint, sogg er: „Ih wul eh, daß ih Plotz hät — af oan Sessel, oba woaßt — as is holt — as möcht holt — as kimbb holt noh wer noch."

„Noch kimbb noh wer?"

„Woaßt, ih — bracht holt nouh wen mit — "

„Sou? Wen dan, mit Valaub z frogn?"

Da Bua blost a por Rachschüberler ausser und

moant gonz deamüadi: „Herr Petrus. Däs — denkn kuntst da s wul eh. Mei Dirndl —"

„Wooos!" schreit da Türwogl. „A — a — a Weibsbild! Hiaz schaust oba gleih! Sölcheni Dumheitn do! Weiberleut! Daß uns da gonz Himel vadorbn wurd! Muaß da sogn, mei liaba Steirer, den Gspoaß schlog dar aus n Kopf. Na, so wos is nit da Brauch ban uns."

Draht sih da Bua stad um und sogg trauri: „Pfiat Goud!"

Da Petrus schautn groß on: „Mir scheint, fuatgehn will er wieda!"

„Jo, Herr Türwogl, ih geh wieder owi", moant da Bua gonz betrüabb, „wan ih — mein Schotz nit därf mitnehmen in Himel eini, aftn gfreuts mih selber ah nit dina. Nit bös sein!"

Und hebb schön stad on zan owisteign. Da Petrus schautn noch und beidlt sein weißn Kopf. „Oba na", brumelt er, „scha gleich zwoatausnd Johr bin ih hiaz do. Oba sou wos is mar ah nouh nit passiert. Hiaz bring ih den jungen Kerl in Himel nit eini."

Da Bua drödlt wieder owi gegn die greanen Olmen. „Is mar ah ollsoans", moant er tröstweis, „ih geh zu meiner Nandl."

Da Petrus schaut und schreit n noch: „Du Bua! Und host as wirkla gern, han? Schau, eigentlih gfollt ma dos, wan a frischa Bua sei Dirndl so gern hot —."

„Ih brauch dei woach Redn nit!" sogg da Bua und geht trutzi weida.

Da Petrus roat't a wenk ban eahm selba, fuatgehn, denkt er eahm, loß ih n doh nit. „He!" ruaft er, „Steirer! — Hansl! oda wiast hoaßt! Hörst nit? —

Hon da sogn wölln: dei Nandl, brings her in Goutsnom!"

A Randl späda seins Orm in Orm daher keman ollzwoa; er a kecks Federl afn grean Huat, sie a frisch Kranzl in Hor. — Nau und sid der Zeit gehn d Steirer porweis in Himel eini.

Recht hobns!

Dirndl, mir hobn a schöns Hoamatlond!

Dirndl, mir hobn a schöns Hoamatlond!
Schön is s af da Hech und in Grobn,
Dirndl, hilf ma singen und juchazn,
Daß ma däs Hoamatl hobn.

Dirndl, mih zimbb, ih mecht s Steirerlond
Holsn und bussln in da Ghoam,
Oba gstott daß ih mei Hoamat hols,
Hols ih mei Dirndl dahoam.

Die Prinzhessin Däs-mog-ih-nit

Da Micherl, der wan er mei gherad, den wurd ih scha lerna, fuaschda z sogn: Däs mog ih nit! Der vazartelti Frotz! Z guad hot ers und wos n sei Muada voron neamer eini bringg, däs steckts n hint eini. Aftn is ka Wuner, wan oans nedler und urasseri wird und as wiar a Popageir olli fingalonk sei Sprüchl schreit: „Däs mog ih nit!"

Schod is s ums Büabl! Sist so a wiffs Bürschl, und ka dums Köpfl nit. — Du Micherl, geh her amol zu mir, ih dazähl dar a Gschicht. Gelt, du? Do vagißt af dei Sprüchel, wan da wer a Gschicht dazählt. — Gib amol an Fried und hör zua.

Is amol a kloani Prinzhessin gwen — so kloan as wia du, oba viel schöna. De hot a seidanas Bed ghobb zan schlofn und a Stubn va Marmelstoan und somadani Schuach und a wunaschöns Gwond und afn Köpfl a guldani Kron. Oba nochher in da Frua, wia s mit ihrn silberan Glöggerl läut't und wia die Komafrau kimbb mitn Zukalaad, do hebb die Prinzhessin on zan krahn: „Zukalaad mog ih nit. An Kaffee will ih hobn." — Guat. Hiaz kimbb da Mohr mit an blown Janggerl und da weißn Pumphosn und bringg in an guldanan Scholn Kaffee. Schreit die Prinzhessin: „Kaffee mog ih nit! An Tee will ih hobn!" Kimbb a Kineser mit an lonkn Zopf und bringg Tee. — A por Schlückerla mochts, aftn schiabbs n weck — sie mog nit.

Aftn ban Spaziernfohrn. A guldana Wogn und sechs schnewerlweißi Rössa. „Na“, soggs, die kloa Prinzhessin, „sechs weißi Rössa mog ih nit. Vier schworzi will ih hobn.“ — Guat, sull vier schworzi hobn.

Za Mittog, wias hoamkimbb von Spaziernfohrn, kriaggs a zuggerdi Orbaßsuppn. Gleih die Prinzhessin: „Orbaßsuppn mog ih nit. A Rahmsuppn mit Kipfel will ih hobn!“ Is ah recht, da Bedeanti bringg in an silberanan Schüsserl Rahmsuppn und in an guldanan Körberl Kipfeln. Die Prinzhessin haut mitn Händn aus und schreit: „Milchsuppn mog ih nit! Will a Fleischsuppn hobn und Schwamerla drein!“ Bringg ihr der Koch mitn weißn Füater a Fleischsuppn mit Schwamerla. Nochha, gstotn Schweinsbratl wills a bochns Hendel und wia s Hendel kimbb afn guldanan Taler, steßts as mit da kloan Faust zrugg: „Ih mog ka Hendel. An brotnan Fisch will ih hobn!“ Von Fisch hots a por Kläuberla gessn — oba die duman Gradn! — sie mog nit.

A so gehts n gonzn liabn Tog. D Leut hätns bol gern die Prinzhessin „Mog-ih-nit“ ghoaßn. Nochher af d Nocht, wiar ihr die Komafrau s Nochtkrandl aufsetzn will, da wird s kloani Fräuerl erst recht gifti: „D Nochtkron mog ih nit! Die Togkron will ih aufgholtn!“ Guat, sa sulls ihr Togkron hobn! „Ka seidanas Bed mog ih nit. A leinanas will ih hobn!“ Is ah recht, kriagg a leinanas — aft is s endler eingschlofn.

Und hiaz, Micherl, paß auf. In noan Tog, wia die Prinzhessin munta wird, schreckt sa sih. In a finstern Hüttn is s glegn, af ar an modlandn Stroh und zuadeckt mitr a rupfana Hüll, de krotzt hot wiar a Riebeisn. Gleih hots gschrian, wos s na von Maul hot mögn: „A rupfani Hüll mog i nit. A seidani Deckn will ih hobn!" — Hiaz is s oba still bliebn und neamb is keman, der ihr a seidani Deckn hät brocht. Noch ihrn silberan Glöggerl greifts, daß s die Bedeantn möcht zsomläutn. Oba ka silberanas Glöggerl is do gwen. Zan brülln hebbs on: „Ka rupfani Hüll mog ih nit! Ka Strohbed mog ih nit! Ka so a Hütnhöhln mog ih nit!" — Hot ihr nix ghulfn. An olts Weib is af d Leßt kema, üba und üba vulla Fetzn und s weiß Hoar hot ihr übas grumpfadi Gsicht owagschaubad. Däs bringg a zwilchani Joppn und a por Holzschuach! „Ka sölchts Gwand mog ih nit! A seidani Joppn will ih hobn!" — „Hau, du kloana Treckwurm, do konst long wortn!" keifelt die Olti, „schlompp hiaz omol dei Brotsuppn weck!" — „A Brotsuppn mog ih nit. A Zukalaad will ih hobn!" — Aft nocha s olt Weib: „Mei Kind, wan s d guat essn und guat liegn willst, wan s d dih sauba gwandn willst, sa geh aussi af s Feld und orbat wos." Und die Prinzhessin: „Orbatn mog ih nit! Spoziernfohrn will ih mit sechs weißn Rössern!" — Jo, mei du. Und a so hots gschrian an gonzn Tog und a gonzi Nocht. Zerscht in wildn Zorn, endla still woanad. — Ober in noan Tog hots neama gschrian, hot mäuserlstill ihr Brotsuppn gessn und wias Nocht wird, hots guat gschlofn afn Stroh inta da rupfanan Hüll.

A so hot däs dauert oan Wochn und zwoa Wochn, drei Wochn und vier Wochn. Die Prinzhessin hot fleißi Erdäpfel grobn afn Feld und Ruabn onbaut, hot gern Erdäpfel- und Brotsuppn gessn und hot guat gschlofn afn Stroh. Olls hots mögn. Nit oamol hots meh gsogg: Däs mog ih nit. — Und hiaz, Micherl, lous! Gach amol in da Frua, wia s munta wird, leid s wieder in ihrn seidanan Beterl, nebn ihr s seidani Gwandl und s guldani Kranl. Die Komafrau steht do und da Mohr und da Kineser und da Kutscha mit sechs weißn Rössern und wortn deamüadi af ihrn Befehl. Oba schau, s Befehln, dos hots vagessn. Olls is ihr recht gwen und nit oamol hots meh gsogg: „Däs mog ih nit."

So, Micherl, die Gschicht is aus, selm lafft a Maus. Und hiaz geh lüfti und moch deini Schulaufgobn.

„Däs mog ih nit!" schreit da kloan Bua, da greift er mit boad Händn gschwind zan Maul und grod noh, daß ers dafongg hot, s leßti Wörtl. Zdruckt hot ers in da Faust. Nix meh, seine Schulaufgobn hat er gmocht.

Und hilft ka guats Redn und ka Scheltn

Wans d mit r an Menschn muaßt lebn,
Der grob is und schlecht is,
So sullst eahms an etlamol sogn,
Wos schick is und recht is.
Mit Güatn und Deamuat muaßt bitn,
Und will däs nix nutzn,
So muaßt n mit zornwildn Wetern
Recht schauderlih putzn.
Und hilft ka guats Redn und ka Scheltn,
So nutzt ah ka Klogn,
Und muaßt n, wiar er is, in Gottsnomen
Geduldi datrogn.
A Kreuz is s a schwars, a lebendigs,
Wul a traurigi Welt!
A Lebn is s a horts, an elendigs,
Ober trogs wiar a Held.

s vierti Gebot

A Steirabua steht vo da Himeltür und klöckelt.

Da Petrus: „Jo, bist scha do, wos willst dan, Bua?"

„Ih? Wos ih will? Wos wird ma dan wölln, wan ma ba da Himeltür steht! Geh, moch koani Gschichtn!"

„Hau saxn! Du muaßt a guats Gwissn hobn, weil s d sa käick bist!"

„Is net schlecht, mei Gwissn."

„Und s sechsti Bout?"

„Nia, nouh gor nia!"

„Is s ober ah wohr?"

„Aufrichti Goud wohr!"

„Will da s glabn. Oba, mei du, s sechsti Bout is nit olloan! Stehn a nouh ondri in Katikisimus! Wia schauts mitn siebnten aus?"

„Nau!" begehrt da Bua auf, „stehln?! Nims zrugg, Petrus! Af da Stell, nims zrugg! Um sein guatn Nom kema, do herobn!"

„Bitt um Vazeichn", sogg da Petrus deamiati. — „Oba — Valaub zfrogn, wia stehts dan mitn vierten Bout?"

„Mitn viertn?" moant da Joudl, „mitn viertn Bout? Wias steht? Sa weit guat."

„Bist brav gwen? Host dein Vodan ollaweil schön gfulgg (gehorcht)?"

Draht sie da Bua a wenk af d Seitn gegn d Hedschnstaudn, as wia wan er a Vougelnest oda wos suachad.

Froggn da Petrus nouhamol und hasn a wenk schirffa: „Host dein Vodan fleißi gfulgg?"

Beidlt da Bua sein Kopf: „Just nit extra gern —"

„Host n gfulgg oda nit? Jo oda na?"

„— — na", moant da Bua. Gonz hoaseri (heiser) is er gwordn af oamol. „Ih bitt tausndmol um Vazeichn! Wia s holt scha sein, die kloan Buabn . . ."

„Nau jo, die kloan Buabn, die kloan Buabn! — Wiast größa worn bist, host selm dein Vodan gfulgg?"

„Wiar ih größa worn bin, jo — selm wul, selm. Ei jo, selm hon ih n wul fulgn wölln, mein Vodan."

„Wölln! Wöllns Wölln is zwenk, mei Liaba! Host n gwiß recht viel Kumer und Herzload gmocht! Host n olßa großer ah nit gfulgg?"

„Na", moant da Bua völli betrüabb.

„Wäign wos nit?" fohrt n da Petrus on.

„Nau — holt a sou."

„Wäign wos host dein Vodan selm ah nouh nit gfulgg, wiast größer und gscheida gwen bist?"

Druckt da Bua sei Gsicht in Ellbougn eini, häibb on still zan woanan und sogg: „Weil — weil er scha gstorbn is gwen."

„s Herz tuat da weh", sogg da Petrus güadi, „schau, weilst Reu und Load host, sa fulg dein Vodan holt hiaz. Kim an noch, geh eini!"

An orms Weibaz

Bin amol auf n Dompfwogn va Graz hoamzuagfohrn. Nebn mir auf da Bonk is a Weibsmentsch gsessn: is just nit jung und nit olt gwen und d Schönheit hot s ah leicht datrogn. Ih hon s zerst nit ongschaut und hon ban Fenster aussi gofft, as wia wan ihs Murtol eh no nia gsechn hät.

Mei Nochbarin schaut mih gor nit on; sie schaut ollaweil auf s kloan Wutzerl, dos s auf da Schoß hot, und imeramol gibt s n gor a Schmotzerl, daß s schön schnolzt. Da kloan Spitzbua hat a wenk gschmuzt (geschmunzelt) dazu, und seini kloan, schworzn Äugerla hobn gliabäuglt mit da Muada, daß schon a rechti Freud is gwen.

„Wiar olt is er dan?“ frog ih.

„Vier Wochn is er olt, der Kneiffl, der kloani“, sogt s drauf.

„A wenk z Graz gwen mit eahm?“

„A wenk jo“, is d Ontwort. Ober ih hon noh ollahond gfrogt und bin gläda (näher) zuwigsessn; ees wißt s, ih hon die kloan Kinda so viel gern.

No, und wiar ih gor ollaweil gfrogt und gfrogt hon, sogt mei Nochbarin gach: „Du Dei, du ameriga (Du Schelm, du Neugieriger), is da nit guat und muaßt es dan olls wissn? Wer wird dan ah da Voda sein, du nit.“ Dabei hot s mih so vadächti ongschaut, as wia wan ih ka Voda sein kunt!

„Host n eh nit kent, in sebin Jaga", moant s nocha, „is holt ah a sölchta gwen, wia s ees Monleut oll seids: Zerst ollaweil handlon (anhabig) und auf d Leßt: Bhüat dih Gott — konst mih gern hobn. Wos wa mei Jaga nit für a liaba Schotz, und mei Kloana do is n ahnla, wia wan er von eahm owagrissn wa. Is guat ah, sist hon ih eh nix von eahm. No, er hot olls ba mir gultn und ih hon an olls glabt, hon für eahm gwoschn und gflickt und hon ma denkt, es wird ma grotn, und mir zwoa wern uns a Häusl dawirtschoftn, daß ma nit umawolgn därfadn in Deanstn, so lang mar oan Fuaß rigln mog. Oba gach schickt er ma durch n Pechöltroger an schön Gruaß und ih kunt mar um an ondern schaun, er müad hoam! Is an Ausweniga (Ausländer) gwen. Na, nochlaffn wir ih da nit — denk ih ma; wans d ka Gwissn in Leib host, sist is ah nix guats in dir! Scher dih in s Pfeffaloch, ih wia scha selba schaun auf mei Kind!

Freilih, guat is s nit gwen. Selba koan Kreuzer und koan Ort! Neamt hot mih gholtn wölln und intan frein Himl konst doh nit bleibn, wia s Tier in Wold! Do hon ih n Pfora betn, er sull mih und mei Kind doh nit gonz valossn. Oba da Pfora hot ma ka guats Wort gschenkt und ka schlechts hon ih nit ongnoma.

Se hobn mih fuatgschumelt aus da Gmoan, und weil ih selba nit woaß, wo ih dahoam bin, hobn s mih gschumelt von oan Dorf ins onda! Wos wirst dan mochn?

In s Wossa springa hät ih mögn, wan s Kind im Muadaleib nit gwen wa. Die Zeit is ollaweil gläda zuwa kema; wos ma do für a Stoan auf n Herzn glegn is, kon ih gor nit sogn! Wos fong ih dan on? hon ih d Leut gfrogt — ja, d Oxl hobn s beutlt, nur an olta Hausiera hot ma n Rot gebn, ih sull auf Graz, do tat n s scha sorgn für uns. No, und so is s glückli vorbei.

Inter ollfremdn Leutn bin ih umagwolgn, nur mein Hanserl hon ih auf n Orm ghobt, und däs wa mei Trost und mei Liab und mei Glück auf da Welt!

Oba do is die Zeit kemen und ih hon aussa müassn und s kloan Hascherl is drein bliebn in großn stoanan Haus ba die fremdn Leute. Bin wieder in die Bäuerei gongen und in an Deanst eingstondn, daß ih mei Brot hon. Oba guat is ma nit gwen dabei; s Herz hot s ma zsomdruckt, wia wan s zwischn zwen Mühlstoan liegad, und ollaweil hon ih denkn müassn: wia wird s dein Hanserl gehn! . . .

Nit orbatn und nit essn hon ih kinen, und ba da Nocht, wan ih einschlofn hon wölln, is ma gwen, wia wan da Kloan draußt in da Kältn und in Wind um sei Muada schreiad! Aufgstondn bin ih und hon gsuacht. Jo, gsuacht hon ih in Haus und in Wold und ba da Stoanwond und in Wosser und gfundn hon ih n doh nit!

Jo freili hon ih nit gfundn — da Kloan is jo z Graz in stoanan Haus. Aft wird a fremds Weib kema, hon ih ma denkt, a Weib, dos ka Kind und ka Muadaherz hot. Däs wird mein Hanserl mitnehmen, oba nur wegn an Geld, dos s dazuakriagt, nit wegn an Kind. Und so wird mein orms Kind unta d Füß tretn und wird aufwochsn völli wiar a Tier und wird ka Liab und ka Muada kenen und ka rechti Freud hobn — in sein gonzn Lebn nit! — Na, und dä is a schlechti Muada, hon i ma gsogg, de ihr Kind so vaschenkn und vagessn kon, und ih will meins wieda hobn und wan ih sei Brot mit bluatin Händn von Stoanfelsen aussagrobn muaß . . ."

Mei Nochbarin hot gach nit gredt, hot ihr Kind zan Herzn druckt und hot rechtschoffn gwoant!

Mih hot s selber a wenk gsteßn ban Herzn, hon s Deanstmentsch ba da Hond gnuma: „Bist a bravs Dirndl", sog ih, „schau, wan ih d Mittl hät! Oba most mas nit dazähln, wia s d dein Kind wieda kriagt host?"

„Jo mei, wia wiar ih s kriagt hobn! Mei Suntaggwandl hon ih vakafft, daß ih hon mögn auf Graz gehn. Ih hon nit eh nochgebn, bis ih mei Kind wieda ghobt hon, auskafft hon ih mei oagns Fleisch und Bluat und hiazt geh ih mit Freudn hoam und will Tog und Nocht orbatn und mir wern nit dahuman (verhungern) ollzwoa, gelt, Hanserl?"

Da Wogn is stehn bliebn. Mei Nochbarin hot ihr Kind fest in Orm gnomen und is ausgstiegn.

Ih schau ihr noch von Fenster aus, wia s hintas Dorf umigeht und üban Berg gegn d Olm auffisteigt, und denk ma bei mir selba: Du guldas Muadaherz!

Da kronki Hulzknecht

Vor funfzig Johrn, wiar ih noh da kloani Woldbaurnbua bin gwen, kim ih amol in an olti Hulzknechthüttn, und just recht, wia da Hulzknecht Stausel onghebb hot zan sterbn. A groẞa, schworzromschlada Mon mit a fünfadreiẞg Johrn, früaherer Zeit Hulzknecht und Wildschütz, hiaz schwar kronk und grod ban sterbn. Siebn schwari Kronkhatn hot er in eahm ghobb, der ormi Stausel: A saures Geblüat, in Knouchnschimpel, d Lunglsucht, d Auszihrung, s Mogngromeln, in Herzdompf und d Schlaglsucht. Schon oani alloa bringg d Leut um, er erst siebn af oamol! As kon aber ah sein, daẞ s guat war, daẞ eahna sa viel warn, hot oa Kronkhat die ondere onpockt, hobn grafft mitanond, und da Stausel hot daweil Rua ghobb. Oba, wan holt da Herzdompf oda s Mogngromeln in Stausel hot onpockt, do hots n na gleih hingschmissn af d Hulzbonk, er hot gjamert und gsindelt und sei Gwond in Komerodnan vamocht. — „Donk da Goud, Stausel", hobns gsogg, „mir wölln scha fleissi betn für dih!" — oba noch ar an kurzn Randl hobns as Gwond wiada müan zruggebn, weil er wieder is z krabln kema.

Zu dersebin Zeit is nouh a neugi Kronkhat dazuakema, d Schreckigkeit. — „Holt go souviel schrecki bin ih", hot er klogg, da Stausel, „wans himlazt oder dunert, schreckts mih, wans sist wou an Rumpla mocht, schreckts mih, wan wo gschoussn wird, schreckts mih ah! Do follt ma s Geblüat von Koupf owi, gonz owi, und wird ma blow vorn Augnan."

Wan er nochha douh neuding in Hulzschlog gorbadt hot, do is gach wieda s sauri Geblüat über eahm kema. s Schwitzn is ban Stausel nit va der Orbat und nit va da Hitz kema, nur von saurn Geblüat. Da Bruggn-Thomerl, an olta Bauerndokta, hot eahm grotn, recht viel Süaßwurzn sull er essn, und Heni. Jo mei. In gonzn Tog hot er Süaßwurzn gnogn, s Heni hot er löfflvulweis gessn — nix hots ghulfn, sei Geblüat is ollaweil nouh saurer worn. „As steht oh!" hot er gonz trauri gsogg, da Stausel, und hots in Leutn ausdeutt, wia däs is: „Däs is holt a sou, wia ba da Milch: in da großn Hitz oder in ar an schlechtn Gschier wirds saur, stouckt sih, wird Wosser und Toupfn — aftn kon mas weckschüttn. Mit mein Geblüat is s akrat a sou. Da Bruggn-Thomerl hot holt gsogg, so long nouh an oanzigs guats Bluatströpfl in mir war, wurds as holtn, wiar oba s leßti Tröpfel saur is, aftn is s gor mit mir." A pormol hot er eahm Egel setzn lossn, da Stausel, oba de Viecha sein ah nit sa dum gwen, s süaßi Bluat hobns eahm auszuzlt, s sauri hobns drina glossn.

Nouh schlechta, wia s sauri Geblüat is da Knouchnschimpel gwen. Ongfongg hot er ba die Zähnt. De sein braun und morb worn. Nit amol s Tabakkoin (kauen) hot wos gnutzt. Aftn is da Knouchnschimpel in d Händ- und Fuaßknouchn kema, hot zwickt und bohrt und bremselt. — „Wern holt schimpel, die Boan", hot er gsogg, da Stausel, „grod a sou, wiar a

Stuck Brot in Keller. Z erst — moant da Bruggn-Thomerl — wurdns rauch wiar a Budlhaubn, die Boan, aftn wia die Knouchn üba und üba rauch sein, aftn frißt da Schimpel einweni eini, aftn wirds Geboan morb wiar a Mouder und aftn bricht da Mensch zsom wiar a faula Bam.“

s oanzigi Mittel: Ohbetn. Die olt Solm-Kathl is gwis a gschickti Person in Kronkhat-Ohbetn gwen. De fohrt mit ihrn Daumfinger in ormen Stausel kreuzweis übern Orm und Fuaß: Menschnhond, ih streich dih, Menschnhond, ih weich (weihe) dih, Menschnfuaß, bekreuz dih, mit unsers Hern Kristi Pein sul dei Fleisch und Boan gesegnet sein. Amen! In erstn Tog hots ghulfn, in zweitn is s Reisn und s Zwickn wieda dogwen und die Solm-Kathl hot gsogg: „Olls z spot is s. Z long onstehn host as lossn, Stausel, da Schimpel hot scha z weit einigfräissn.“

In Milzbrond hot er ah ghobb, da Stausel, und imer amol so stork, daß ma s in seina Brust urndlih prossln und schnolzn hot ghört. Do hot da Bruggn-Thomerl wul gsogg: „Stausel, der muaß glöscht wern, sist greift er weiter, und wan da Brond in Kopf kimbb, afs Strohdach, is olls hin.“ Schiaßpulva hot er eahm gebn, za einnehma; däs kühlt und dämpft in Brond. Oba de Medrizin hot da Stausel folsch ongwendt. Wan er alloan is gwen, hot er sein olti Bixn fira gsuacht, hots Pulver ins Rohr gschütt und a Kügerl dazua. Wan nar erst amol da Jaga Martin, der schleichendi Wicht, nit umanonda schleicht in Wold! Und afn Onga grost a Rech — von Fenster aussi niedabrena! — Sei Milzbrond is ba d e r Kur natürlih nit besser worn. Gottika, ollaweil schlechter is s gonga mitn Hulzknecht Stausel, und hiaz hot ah d Schlaglsucht wieda von neugs eingsetzt. Wan ma n gfrogg hot, wos däs is, d Schlaglsucht, gleih hot er oan s ausdeutscht, da Stausel: „Mitn Schlagl, däs is a sou: An iada Mensch hot in sein Koupf drei Bluatstroupfn, de henkn in Hirn af a gleichs, wia die Tautroupfn af ar an Grosholm. Wan da rechti Bluatstroupfn owi follt, selm straft in Menschn s Schlagl af da rechtn Seitn. Wan da linggi Troupfn owi follt, selm strafts n af da linggn Seitn. Und wan da mitteri Bluatstroupfn owi follt, selm trifft n s Schlagl ban Herzn und da Mensch is hin."

Olsa, däs war da sterbendi Hulzknecht.

Noch viel und viel Johrn bin ih wieder amol in die sebi Hulzknechthüttn kema. A por dratschendi Weiba sein do gwen und af da Bonk is da Stausel glegn, den sou und so viel Johr früaha s Schlagl hot troufn. An olta weißbortada Mon is s gwen, oba — glebb hot er ollaweil nouh. In a gflickti Bettdeckn gwickelt, a schworzi Zipfelhaubn üba d Ohrwaschl zougn, sou is er doglegn und hot gsindlt und gheschatzt. „Sou viel kronk ollaweil! d Schwindsucht, da Milzbrond, d Wossasucht, da Hirnschwund — und da Bruggn-Thomerl is scha long tot. — Wer wird ma helfn! s Zapfl", hot er ma gleih klogg, gonz töwi (heiser), „s Zapfl is mar owigfolln. Hintern Gaumen hot da Mensch a Zapfl, daß er laut redn kon, und däs is mar owigfolln und hiaz woas ih nit, wer ma s auffaziacht! Da Bruggn-Thomerl hot ollamol oubn mittn afn Scheitel a Hor onzupft und hots Zapfl af d Hech grissn. Oba da Bruggn-Thomerl is gstorbn. Za da Kuhla-Waberl hon ih gschickt, de vasteht wos ban kronkn Leutn, obas s Zapfl kunts ma nit af d Hech ziachn ban Hor, weil ih koans meh hät — und hiaz bin ih hoaseri und kon neahma laut redn."

Nouh a schiacheri Kronkhat, wia s owigfollni Zapfl, is da Hirnschwund gwen. „Mitn Hirn is s a sou", hot mih da Stausel belehrt. „Wan da Mensch olt wird, aftn geht eahms Hor aus. Wan an s Hor ausgeht, aftn schlogg d Sunhitz durch n Koupf und s Hirn zgeht, wia s Schmolz in da Pfon. Und mei Hirn, däs zgeht mar ah, destwegn bin ih imeramol sa viel damasch und wirfli. Bis s leßti Batzl Hirn zgongen is, sogg die Kuhla-Waberl, aftn stirbb da Mensch oder er wird gor narasch." Mit olli zwoa Fäust hot er sei Zipflhaubn üba d Ohrwaschl zougn, daß eahm doh die liacht Sun sei Hirn nit kunt vabrena. Und is glegn afn Stroh, lohm is er ah gwen, d Füaß hobn an nit meh wölln trogn — a gonza Hascha.

Und hiaz in sein oltn Togn hot da Stausel ah nouh in Leberkrebs kriagg. Bar a Brun vatrunkn sul er sih hobn — unvagebns a kloans Krebsl gschlickt. Zerst is s n aufgfolln, daß er ollaweil Mognzwickn hot ghobb. Und wiar er wohrnimbb, daß da Krebs größa wird und seini Scharn ollaweil mehr zsomzwickt, is er in d Stanz zan Boda gonga. Da Boda vasteht nix, gibb n a Medrizin, de dos Viech obwärts sul treibn, denkt nit dron, daß a Krebs ruckwärts geht und gstott untn durch in d Leber auffasteigg. „Hät d Medrizin", moant da Stausel, „herauf gloadt, gstott hino, so war s longschinkad Viech zrugg owi und aussi.

Hiaz frißt ma da Krebs mei Leber und weil da Mensch ohni Leba nit lebn kon, sa gehts gfahlt mit mir."

Und schauts, Leut, mit dem kronkn Stausel is af oamol a Mirakel gschechn. — In an Sunta vormittog is s gwen. D Leut sein in da Kirchn, d Jager ah. In Stausel zimbb, as warn frei a wenk besser heint und er möcht mit da Bixn a wenk aussihadschn in Wold. Leicht gsach er a Rech oda gor an Hirschn. Und wiar er hinta da Lärchn huckt und die Bixn onsetzt — Jessas, do gsiacht er in Jaga, der von Dickat aussa grod af eahm zualafft. Da Stausel, nix vagessn, springg auf und saust wiar a Radl durch n Wold owi, daß n da Jaga, da dicki, bold neama siacht. Af d Lunglsucht und afn Lebakrebs und afn Milzbrond — af olls hot da Stausel vagessn, is glaffn wiar a Wieserl, daß n der ondri nit hot dawischt.

Daweil nocha da Stausel in Kotter is gsessn, hot oaner in Wold, afn Plotz, wo s Mirakel gschechn is, a Taferl aufgstellt: „Hier ist der lahme Holzknecht Stausel plötzlich gehend worden."

Die spot Opfelblüah

Selm entn ban Woldroan, nebn an Stoanhaufen steht a Hulzopfelbam. s wa hasn guat rostn in sein Schoddn afn Mias, wan ma müad war von Ockern oder von Heuhebn und daß mar oan die weitum ausbroat't Londschoft in Sunschein amol friedsum wullt betrochtn.

Oba wunaseltn, daß mar oans sitzn oda go liegn siacht intern Opfelbam. In da Gegnd geht a Mär: Wan oan va sebin Hulzopfelbam a Opfelblüah aufs Haupp follad, der müad bold sterbn. — Go sar unmigla groß deafads just nit sein, die Gfohr. Da Bam is scha holb und holb ohdorrt und zoagg in Wold seini Besn für. Grad gegn d Feldseitn hin reckt er noh a por frischi Äst in d Luft aussi, und kam olli zechn Johr trogg sa sih amol zua, daß oans in Lanxin dron a Blüahröserl siacht.

Nau holt jo, sa vagessn d Leut holt noch und noch af die olt Mär und ah der olt Hapfnschloga-Luis hot nit drauf denkt, wiar er mit seina Hapfn und mit sein Weib zwegs kemen is, und daß eahner um s Rostn war untern Hulzopfelbam. Sei Weib is eh olli marod und wans za sein Hapfnschlogn hot singa müassn vorn Haustürn, do hot mar ihr z Tod gern a por Kreuzer oder a Lackel Suppn aussitrogn, daß aufhörn möcht. Nau freilih wul, wan dös orm müahseli Spielmonsweib lustigi Gsanga hot gsunga, däs is go so viel trauri gwen. Hiaz untern Hulzopfelbam hat sa sih umglegg und die Bamwurzn zan an Kopfpulsta, a so is s eingschloffn nebn seiner. Da Hapfnschloga-Luis hot sei Hapfn zan Bamstom hingloant, n broatn Filzhuat afn Ost ghenkt, und schaut aussi in die weit, sunguldeni Welt. Und hot nochdenkt, wias dan olls aso sei muaß, und hot sei musikalisches Elend betrocht't. Do gspürnt er af seiner Glotzn af oanmol wos Küahls und über d Stirn, vorn Augnan, fledrazt wos nieda. Für an weißn Folter hot er s zerst gholtn, is oba a Hulzopfelblüah gwen. A weißes Röserl, a kloans Grandl rötlih, as wia wan sa sih a wenk tät schoma, daß ihr zorti Jungfräulihkeit unvagebns af a Monsbild is owagfalln.

Wia da Hapfnschloga-Luis däs Röserl, däs n grod af da Hond is liegn bliebn, a so ongschaut hot — jo, do folltn die olt Mär ein: Wan oan va sebin Hulzopfelbam a Opfelblüah afs Haupp follad, der müad bold sterbn. — In selm Augnblick is d Sun hinter a Wulkn gongen und olli helln Forbn af Wiesn, Gortn und Wold sein ausgloschn wiar a glüahdigi Kuhln auslischt afn koltn Herd. — Ih? frogg da Luis, und holt't s Röserl zwischn an Fingern, ih sul scha sterbn? Und bi noh sa jung. Is dan dos an Olter — a sechzg Johr? Do is da Mensch noh in sein bestn Johrn, wan mas nimbb und wia mih zimbb. Na, ih mog noh nit sterbn. Wissad ah nit zwe worum. Bi so pumperlgsund. s Essn schmeckt ma — wan ih wos hon, s Trinkn schmeckt ma — wan ih wos kriag. Schlof hot da Kaisa koan bessern und wan ih guat ausgschlofn munta wir, do schlog ih mit olla Freud mei Hapfn za da lochendn, tonzendn Welt. Geh zua, wer wird dan do sterbn!

Und wia der olt Spielmon a so hot nochgroadt, a wenk lusti und a wenk loadi, do mocht sei schlofends Weib nebn seiner an Heschaza, sindlt a pormol und schloft weita. — Da Luis draht sih stad und schauts on. — Ormi Haut. Olliweil kronk und sa bluati weh umanondagsteßn wern unter n hortn Leutn! Host nix Guats mehr af da Welt, dei Leppa nit — für dih war s schon ehnter a Glück, wan — wan d Opfelblüah af dih war gfolln. — Won ih gach vasturb, wos sults dan onhebn, mei ormi müahseligi Zilli? Müad jo grechn liegn bleibn af da Stroßn; da Hondwerchsbursch stupfts mit n Stiefelspitz on: Was liegg dan do für oani? und geht weita. Na, mei Zilli, dos nit, dos nit, do dabormast ma noh ins Grob eini. Ih muaß da bleibn. Ih kunt da dos oanmol nit ontoan, daß ih dih alloan liaß und valossn in deiner leßtn Not. Schau, mei Zilli, für dih is s besser a so — und da Bam hot grod a wenk schlecht zielt, weil da Wind geht. — Do ghörst her, Röserl! sogg er, ganz still und hoamla sogg er s: Do ghörst her! und legg d Opfelblüah af sein Weib ihrn einbundnen Kopf.

Sie schloft ruasum und gspürt nix von Todeszoachn, däs zort und liablih af ihrer Stirn liegg.

Da Hapfnschloga-Luis hot gmoant, hiaz war s in Richtigkeit und hiaz war er firti mit sein Denkn. Ober nit is er firti gwen. — O du mei! follts n hiaz ein, wiar er ihr ins blassi Gsichtl schaut, ins ormi, guati Gsicht, wo Kummer und Not mit schorfn Stemeisn die vieln Runzeln und Foltn hobn ausgstemt! Is jo ah amol jung gwen, däs Gsichtl, und schön und hot blüaht wiar a Opfelbamblüah. Und wia guat as d mas ollaweil gmoant host. Bar an iadn Bissn Brot host zerst af mih denkt, eh s dir wos host vagunt. Vawoafelt und in Unfruat (Unreinlichkeit) dastickt war ih ohni deina. Hiaz noh, wan gach a frischer Brockn Elend von Himmel follt af uns zwoa ormi Leut, bis du s, de mih muaß tröstn — die Kronki in Gsundn! — Na, na, wanst du ma vasturbast! Wos hebad ih on, muadaseelnaloan af dera traurign Welt. — Na, na, Zilli, na, na, dos toan ma nit, a so toan ma nit! — Völli zidernd greift er mit da Hond gegn ihrn Kopf und nimbb d Opfelblüah wieda weg. Und wia s weiß Röserl af sei Brust follt — loßt er s liegn.

Gach springg er auf, geht nochn Woldroan aussi und greift mit boad Händn noch sein Kopf. „O du mei himmlischa Herrgott!" schreit er auf, „af dos hon ih jo noh nia denkt, af dos denkt ma jo zwenk! s Sterbn is nit hort, oba s Überlebn! Oans muaß do s ander überlebn! Nit zan Ausdenkn is s! — Vasturb sie zerst, sa möcht ah ih neama weiterlebn, und blieb sie aloan zrugg, sa kunt ih nit amol in der ewig Rua a Rua findn — va lauta Daboarma. — O mei Gad, muaß den erst von an holbvadortn Bam a frisch Blüahröserl folln, eh s mar inne wird, wie gern daß mar oanonda hot!"

Da Baurn-Orz

Wan ma na wos z essn hot — und onzlegn. — Da liabi Gsund is holt s Best, und daß ma koan Boda derf kema. Selm geht ma scha liaba zan an zoanzin Orzn — zan an Baurn-Doktan. Und da wa holt sist wul da Schuasta Riapl rechtschoffn gschickt.

Is a guater Orz, da Riapl, frei so viel a guater Orz. Auf da Leitn obn hot er sei Keischn, und do hatschn olli krumpn und müaselin Leut zan eahm auffi. Mit Pechsolban und Goligontwurzan und mit ollahond onderi Mederizina mocht er seini Leut gsund — holt, wer a rechts Vadraun hot zan guatn Orzn, zan Schuasta Riapl.

Oba a guata Orz muaß a Schlanggl sein, und a schlechter Orz muaß a zwifocha Schlanggl sein — will er s Gschäftl poßabl betreibn. Wia mog er s dan ongstellt hobn, da Riapl? — Tuats na wortn, ees werds as scha hörn.

Pfnecht da olt Tholbruna auffer über d Leitn. — „Ahan!" moant da Riapl, „kralt scha wieda oana daher. Muaß ih gschwind afn Bodn auffi springa." Und afn Bodn obn legt er sih schön broad afn Bauch, der olt Fuxbardl, und gamp durch die Klumsn ower in d Stubn. Steagelt da Tholbruna scha ba der Tür eina: „Zeis Kristi!"

„In Ewigkeit am", sogt in Riapl sei Weib, d

Schuasterin. „Uh narisch, da Tholbruna steigt daher; jo wunerla, wos bringst dan du heint Guads?“

„Eh, bringa“, moant da Baur, „brauchn tat ih wos. — Setz mih gleih gschwind auf d Ofnbonk — a saggrascha Berg auffa do . . . ! Hobn tuats mih gonz.“

„Wo fahlts dan?“ frogt die Schuasterin, a guats Muaderl.

„Mei, wo fahlts! fahlt gleih schon überol. — So viel druckn tuats mih auf da Brust. Kan Essn will mar ah nit recht schmeckn. Und ba da Nocht — daß ih kan Schlof hon — deitsch kan Schlof nit. — Und sa viel stechn tuats imeramol auf da Seitn, daß mih zimt, ih muaß frei an Schroach toan.“

„Auwe!“ moant d Schuasterin.

„Jo, so, Muada. Und hiazt serb ih scha gleim a zwoa Jahrl uma. (Kränkle ich schon fast zwei Jahre dahin.) Ongwendt hon ih grechn schon olls — helfn will nix. — Ba die Stodtdoktan bin ih scha gwen. Mei, wos hobns nit umadoktad mit mir! Auf d Leßt hobn s gsogt, in an Bod sull ih gehn; wo s eahna s doh roatn kuntn, daß ma sih eh olli Johr a por dreimol über und über ohwoscht. Und daß ih sog: koana hods kent, wos ma dan fahlt; — schlechta, noh ollaweil schlechter is ma gworschtn . . . ah, s is zan Vazogn, Muaderl! — Nau, do sogn d Leut: zan Riapl sult ih gehn, der vaschdangad (verstünde) wos, der hulf an iadn. — Jo, so, sog ih, kons jo wul prowiern — kon ih s. Sa bin ih holt daher gschdeaglt. (Mühselig daher gestolpert.) Völli d Füaß hobn mih neama trogn wölln üba d Leitn auffa. Und stechn tuats dar in Knia! Wulta stechn, sider ih nahst Winter üba d Heibodnstiagn bin owagfoln."

„Du Narasch, du!" sogt d Schuasterin.

„Und völli hoch ah noh! Gleih über a sechzehn Staffel bin ih oaha grumplt. — So hots holt oans ums onder olliweil! Na, däs wird wos brauchn, bis s oana kent, wos s mit mir is!"

„Jo mei, däs Kronksein!" moant d Schuasterin. „Tua da Tholbruna na gleih a Randl wortn. Mein Olter is in Schochn aussi gongan um a Kronaweggstaudn, wird wul emsta (sehr bald) kema."

Derf richti nit long wortn, da Tholbruna. Da Riapl is von Bodn ower in die Kuchl gschlichn, hot selm an oldi Kranaweggstaudn auf d Oxl gnoma, hot sein broadn Huat ins Wossaschof dunkt und hotn aufgsetzt. Gleih drauf geht da Riapl in d Stubn, beidlt sein Huat oh und brumelt: „Is a Hundsweta, däs! Regnan tuats draußt. — Nau, da Tholbruna? Wos bringst ma?"

„Eh — nit viel Nutzes", sogt da Tholbruna und wutzlt a kloans Flaschl aussa von Säckl. „A wenk a Wossa hät ih sist wul ah ba mir, wada."

Da Riapl nimt s Flaschl in d Hond, holt s gegn d Fenstaliachtn, mocht a schlechs Gsicht, äuglts on: „Schau! Bist lacht scha rund über a Johr ollaweil a wenk marod, Tholbruna?"

„Freilih, freilih", sogt da Baur, und ban eahm selba: „Gleih gsiacht ers!"

„Apetit wirst nit viel hobn?"

„Freilih, freilih nit, gor nit, ka Bresl nit."

Da Schuasta Riapl beidlt a wenk ban Flaschl: „Mit n Schlof wirds ah schlecht ausschaun.“

„Mit n Schlof? Jo freilih, däs is wul wohr — nit um an Groschn, daß ih oan hon.“

„Und gspirst nit don und won a wenk Seitnstechn?“

„Jo, däs is gwis, und höllmentasch ah noh!“

„Auf da Brust wirds holt fahln“, moant da Riapl, „wanst na nit eper in Herzwurm onziachst, Tholbruna?“

„In Herzwurm? Va da Kronkhat hon ih mei Leppa noh nix ghört. — In Herzwurm? jo, däs kon ah sein!“

„Jahaha!“ sogt da Riapl, „Tholbruna, der muaß umbrocht wern! Sist war s gfahlt mit dir! Do muaß ongwendt wern! Hätn na nit d Stadtdoktan scha dreinpfuscht!“

Da Tholbruner is gonz daschrockn. Hiazt kent er däs ah noh, daß ih ba die Stadtdoktan bi gwen! — „Holt doh nix für übel, daß ih nit ehanta bi kema. Wanst ma noh hilfst, Riapl, mei bests Por Ochsn ghörscht dei. Und hon mar ah firgnoma, daß ih, wan ih wieda gsund sult wern, zan an schuldign Buaß und Donksogung nohamol in heilin Ehstond tretn will.“

Auf däs sogt da Riapl zu sein Weib: „Schau du, da Tholbruna redt troweis! (Im Delirium) — Und nocha wieda zan Kronkn: „Na geduldn. Muaß sih erscht zoagn. — Und sist epa, ba die Knia, host ka Stechn nix?“

„Jessas, freilih, freilih!“ schreit da Baur auf, und ban eahm selba: Däs is an Orz!“

„Oba, do is mar ah!“ brumelt da Riapl und zont

s Flaschl on. „Nit bol, daß ih a so a Wossa hon gsechn. Muast jo wo oaha gfoln sein, Tholbruna!"

„Jo, Riapl, üba d Heubodnstiagn!"

„Und hasn hoch, zoagt sa sih — derfst über a funfzehn Staffl —"

„Gor nit weit gfahlt! über a sechzehn bin ih oahakrocht — über a sechzehn, jo! Und daß sih da Riapl um o a n Staffl girrt hot, s se glab ih gern. Is ma ban Glaserl do intawegn s Stoperl ausgsprunga — hon richti um o a n Staffl wo ausgschitt."

Da Tholbruna kriagt sei Mederizin: A Pflosta zan Auflegn af da Brust, af da Seitn, afn Knia — überoll wos fahlt. Fleißi Wossasüpl essn — a wenk loxiern — nix in d Luft gehn — schön worm holtn. — Wons a wenk bessa wird, derf er wieder kema; hobn s oba d Stodtdoktan scha z viel vawüast, aft kon er nit helfn.

Därf ih s Dirndl liabn?

Ih bin jüngst verwichn
Hin zan Pforra gschlichn:
„Därf ih s Dirndl liabn?“ —
„Untasteh dih nit, ba meina Seel,
Wonst as Dirndl liabst, so kimst in d Höll!“

Bin ih vull Valonga
Zu da Muada gonga:
„Därf ih s Dirndl liabn?“
„O du feiner Knob, es is noh zfrua,
Wort bis d zeiti wirst, mei liaba Bua!“

Woar in großn Nötn,
Hon ih n Vodan beten:
„Därf ih s Dirndl liabn?“
„Duners Schlangl!“ schreit er in sein Zurn,
„Willst mein Steckn kostn, konst es tuan!‘

Wos is onzufonga?
Bin zan Herrgott gonga:
„Därf ih s Dirndl liabn?“
„Ei jo freilih“, sogt er und hot glocht,
„Wegn an Büaberl hon ih s Dirndl gmocht!“

Die Brautprüafung

Scha wieda von an Pfora! Daß er oba gor ollaweil ztoan hot mit den heilin Sochn!

Mei Gad, wos kon ih dafür, daß ban Pfora olls zsomkimpp? Die Kinda, die Brautleut, die Todn, ja olls mitanonda hot ban Pfora ztoan. Probierts as nar ees amol und kempps af d Welt, wird enk gleih ums Tafwossa (Taufwasser) sein. Und nochha mit a zwoanzg, fünfazwoanzg Johrn! Valiapp is s gleih — oba gheirat't! A so a jungs Weibaz (Weibsbild) moant, zan heiratn ghört a Monada (Mannsbild) dazua, und sist nix. Und s Katikisimus? Han?

Do is d Regerl noh va die Gscheidern oani, de woaß, wos sie ghört.

Sitzt da Pfora ba sein Tischl, tuat Predi studiern und krotzt grod a por Sprüchler afs Papier. Klopfts on ba da Tür.

„Herein!“

Trauderts eina, ba da Tür, d Regerl, holt't ihr rots Hondtüachl vor s Maul — weil ma gschami (verschämt) san. Wan ma gschami sein, so moanan d Leut, mir warn noh jung. Mit siebnzehn Johrn fongg ma sih on schoma, und sida den schompp sih d Regerl hiaz scha bol funfzehn Winter und Sumer, und sogor in Auswärts (Frühjahr), wan olls grean wird, wird d Regerl rot — va lauta schoma. Af sou viel Schoma wars doh schah bol Zeit, daß s ah an Ehrntog hät.

Mir sein scha dabei.

„Nau Regerl", sogg da Pfora, schaut nit weiter auf und schreibb. „Was ists, was bringst mir du Schönes?"

„He, he", soggs Dirndl, „ausfrogn tat ih mih gern lossn. He, he. Jo, za da Brautprüfung war ih do."

„Was tausend!" sogg da Pfora.

„Jo, heiratn tat ih, he, he."

„Schön", sogg da Pfora und schreibb und schreibb, daß d Feda schoagazt afn Papier. „Heiratn, schön! zur Brautprüfung bist da. Das ist brav von dir. — Nun werden wir halt sehen, was du kannst. Sag einmal, Regerl, wer hat dich denn erlöst?"

Druckt s Dirndl wieda s roti Tüachel zan Mund und moant gschami: „He, he — a Neuberger."

D Stodtherrnhosn

Wia da Vetta Wastl gheirat't hot — oh mei, wia long is dos her, is scha bold neama wohr! — nau, do loßt er eahm a neugi Hosn mochn. Oba ka bockhäuteni, de sein selm neama da Brauch gwen; a stodtherrischi Tuachhosn hots mian (müssen) sein, fein ausbandlt und mit an Gradl boad Seitn bis zan Stiefelobsotz owi. Wia länka, wia nobla. s Bauerngwond is uns z gmoan, mir sein a Hulzknecht! Richti, wia da Schneida Hiasl die neugi Bräutigonhosn schickt und da Vetta Wastl die Kluft sauber onprobirt, is da Wastl akrat für d Hosn um a drei Fingerbroatn z kurz. — Wos stelln ma hiaz on? In Bräutigon kon ma nit länka mochn, sist wochsad er da Braut übern Kopf und des mogs nit, ober oa Mittel gabs noh, follts n ein: d Hosn kunt ma kürzer mochn. Sie flontschtn gonz übern Stiefel owi und sitztn zsom übern Rist, wiar an ausgmatzta Blosbolg. Wer schneidt hiaz d Hosn oh? Da Schneider is nit do und zan Nochschickn hot mar ah neamb, weil an iads sein Orbat hot in a so an Tog. Mocht nix, für wos warn dan d Weiberleut, wans oan nit amol s Gwond herrichtn kuntn! Guat, da Vetter Wastl nimt die neug Hosn übern Orm, geht za da Stolldirn und sog: „Du, gelt, Miazl, du bist sa guat und schneidst ma do mei neugi Tuachhosn a wenk oh. Zlonk is s, däs Bradl, dnetter um a drei Finger. Und nochha wider einsama."

„Jessas!“ schreit d Stolldirn, eh a wenk granti, weil wieder oana aus n Haus heirat’t. „Jessas!“ schreits, „hiaz kimbb der ah noh mit da Hosn daher, wo mar eh nit woaß, wos ma zerst ongreifn sul va lauta Gnäd! Die Küa warn zan melchn, da Goas muaß gstraat wern, d Ruabn sein noh nit gschnidn und af jo und na is s finster!“

„Wans as nit leich tuat, mocht a nix“, moant da Vetter Wastl und geht mit da Hosn schön stad weiter. Geht za da Köchin, de grod ban Herd umschiaßt und redts güati on. „Mei liabi Waberl, a Gebid. Ih woaß, za dir kim ih nit umsist. Do mei neugi Hosn — um a gonz Trum is ma zlonk. Sei sa guat, nim d Schar, schneid an iada Haxn a drei Finger broats Ranftl weck und sam mas wieder ein. Ba dir is s gleih gschechn.“

„Dos ah noh!“ pfnehazt (schnaubt) die Köchin ban Umschiassn, sie is ah granti heint. „Schau, zan Hosnflickn war unseroans guat. Geh, geh nar um a Häusl weiter, hon nit Zeit hiaz. Die Knecht wortn schon af d Suppn. Sult sih unseroans dan ba da Mitt ohreißn, daß mar überoll kunt sein und olls kunt beguatna! Sas und Jousef! da Sterz brent sih ah noh an! Wan oan na nit d Leut fuaschder (fortweg) in Weg umstandn! Imeramol is s scha frei aus!“

„Ah so, du host ah nit Zeit“, sogg da Vetter und geht mit seiner Hosn in d Hinterkomer aussi za der oltn Moam und bitts, wans holt doh sa güati und bormherzi wa! Sei neugi Hosn war n zlonk, gleim um drei Fingabroatn. Da Schneida wa z weit weck, morgn früah brauchad ers und heunt hät er noh kan oagns Weib, däs eahms kunt machn.

„Loßt mih d Moam nit in Stich“, bit’t er, „d Moam kimbb aft z Lohn in Himel.“

„Daß du mih oba go sa gern in Himel häst!“ kifelt d Moam.

„Na, nit a so, Moam. Liaba noh af da Welt. Ah, dos wul.“

D Moam is ah a wenk granti. Jung oder olt, koaner is s recht, won a Monsbild doniheiradt, wo ma dahoam d Leut brauchad in da gnädign Zeit. D Moam hot die großn Brilln af da Nosn und tuat grod Kaffeebohnklaubn. Wias hiaz in Wastl sein Onliegn hört, schaut s auf und sogg: „Bist oba doh a rechta Norr, hiaz kimst ma do mit da Hosn, wos d eh siachst, daß ih d Händ vul Orbat hon. Die Kaffeesuppn willst doh hobn morgn früa, und zan Bohnklaubn wa nit Zeit. Spiazlst (spuckst) doh gleih, wan a schlechts Kendl dabei is. Häst long Zeit ghobb über Togs, daß dih um d Hosn häst kinen umschaun. Olls af d Nocht und olls erst af d Nocht! Henks afn Nogl in deiner Komer, leicht, daß ih aft späda Zeit hon. Is a hells Kreuz mit enk, richti wohr ah!“

Da Vetta Wastl geht schön stad weiter und denkt eahm: In da Gfälligkeit werns nit dastickn, unsri Weiberleit. Zeit is s, daß ih oani kriag für mih selba. Henkt sei neugi Hosn afn Nogl und geht a wenk in d Nochborschoft za seina Braut.

D Moam, wias von Bohnklaubn fiati is und zan Nochtmohlessn gwischbelt wird, denkt: ees löffelts ma long guat, ih moch daweil in Wastl sei Hosn. Won er ah heirat’t, a Mensch is er doh. Geht in die Komer, schneidt va da Tüachanan untauf af boad

Seitn drei Finger weck, sambs wieder ein, henkts auf: So, hiaz is da Goas gstraat. (Sprichwörtlich, so viel als: Nun ist der Wille erfüllt.)

Nochn Nochtmohl, wia d Köchin von Ohwoschn fiati is und schon ins Bett will, follts ihr ein, hiaz häts grod Zeit, in Wastl, daß n d Hosn ohschneidad. So a Bräutigon is eh an orma Hascher. — Geht in sei Komer, schneidt va da Tüachanan an drei fingerbroatn Straf weck, sambs wieder urntlih ein, henkts afn Nogl und geht schlofn.

Endler is ah d Miazl fiati mit da Stollorbat. Ihr Hoar kampelts noh aus und d Füaß woschts no in Bruntroug; af die morgigi Hohzat denkts, ba da Hohzat follt ihr da Bräutigon ein, und ban Bräutigon sei Hosn. Deiga! moants, hiaz hät ih grod Zeit, daß ih eahm d Hosn ohschneidad. De leßt Gfälligkeit kunt mar eahm jo daweisn. Geht in sei Komer, trent va da Tüachanan untn boad Seitn an drei Finger broatn Ronft (Rand) weck, sambs sauber ein, henkts afn Nogl und geht in ihr Bett.

Morgns drauf, wia da Wastl in Gottsnom sei Bräutigongwandl onlegg, trifftn völli da Schlog va lauta Schrockn. Sei Stodtherrnhosn gehtn nit amol üba d Wadl.

Hiaz aftn is s aufkema, wia guat as eahms d Weibaleut gmoant hobn — oll mitanonder und an iadi extra. Warn ara noh mehr in Haus gwen, so hätn s eahm sei Tüachani zsomgstutzt zan a Schwimhosn.

Und da Vetter Wastl hot za sein Ehrentog holt doh ka Stodtherrnhosn onzlegn ghobb und hot valiab nehma müassn mitn ehrsumen Steirergwond, wias sei Voda hot trogn. „Goud sei Donk“, hot sei Braut gsogg, „mir gfollst eh besser in da Jachanan (Ledernen) wiar in da Tüachanan!“

Wos woarst für a schöns Diandl!

Wos woarst für a schöns Diandl
Auf der Olm ba die Küa,
Do woar s Kiderl vul Mist,
Oba s Wangerl vul Blüa!

Auf der Olm is s da zgmoan gwen,
Bist in d Stodt gfohrn dafür,
Jo, s Kiderl is schön hiazt,
Oba s Wangerl is dürr!

Und won ih dih hiazt siach,
So denk ih ba mir:
Wos woarst für a schöns Diandl
Auf der Olm ba die Küa!

Is s wos — so is nix

Geh, Bua, wanst na nit so neugieri warst! As wochsadn da derawegn koani Schwom auf da Zung, wanst as Frogn amol sein liassast. — D Hofnamoasterin (Töpfermeisterin) is s, wanst as scha wissn muaßt.

D Hofnamoasterin is s, a bildsaubers Weibel und Witiwe noh dazu sider an Johr. Ah, däs is z viel auf amol. — Sist, zimt mih, seins d Weibaleut, de Häferla kaffn gehn zan Hofna — nit? Und hiaz af oanmol seins d Monleut, und noh dazua va da jüngern Gottung. Suachn um untern Schüsseln und Krüagerln und Schmolzdösern: obs nit a dochnani (tönerne) Tabakpfeifn hät? Oder an dochnan Gugaz? — Hobn ma nit; mochn ma nit. — Oder a Nüaschl für a Vöglsteign, an greanglosirtn Trinkkruag. Nit? — Guat is s. A Häferl kaffns und d Hofnerin moans.

„In himlischn Hofnamoasta do obn“, moant da Schneida Maxl, „der, wia ma lest, d Leut aus Erdn drachselt hot, wird seltn a Kunststückl sa guat grotn sein, als wia däs Weibsbild.“

Da Sotla Natz geht häufi vabei an der Hofnerin ihrn Häusel und ollamol drahts n eini. Sie hot a kloans Büabl — is an Ehr für a jungi Witiwe, wans oans hot —, den Büabl bringt da Natz na gleih ollamol an rotwangladn Opfel mit, oder a Semel, oder a Germkipfel: „Se, Micherl, do beißt eini, daß d groß wirst. Bist jo sa viel a brava Bua du — gelt? — Mogst mitgehn? Ah na, bleibst liaba ba da Muada dahoam. Host recht. Tua ihr na schön fulgn, deina Muada. Bist a brava Bua, du."

Und für d Hofnerin hot er ah sei schicksumi Onsproch, da Natz. „Wia gehts dar ollaweil, Nochbarin?"

„Donk da Frog, muaß scha guat sein, wons nit besser is."

„Wird sih nit fahln", sogt da Natz.

„s kunt bessa sein", sogt sie, „datrogn tat mas."

Auf so wos kon da gscheitast Mensch nix sogn.

„Is viel va dir", moant da Natz, „daß d dei Gschäft sa brav betreibst. Wird dar oba doh zstork wern mit da Zeit — und daß d koan Monadn in Haus host."

„Hon jo oan in Haus", sogt sie und deut't aufn kloan Buabn.

„Eh wohr ah", moant da Natz.

A Häferl kafft er, da Natz, und a Körberl trogt er hoam, da Natz. — A so gehts an iadn.

Daß ih nit luig. In Schneida Maxl, der sei Häusel aufn obern Dorfplotz hot, den gehts gonz onderst. In rotnosadn Schneida hoaßns n; der Spitznom schreibt sih noh va sein Vodern her, als wia wan er kunt dafür, da Maxl, daß sei Voder a roti Nosn in Gsicht hot ghobt. Da Maxl selber is a saubers Bürschl, kirzngrod gwochsn und lusti dabei.

Kimt da Maxl amol zu da Hofnerin, kafft a Milchreindl und a Suppenhäferl.

„Tuast da leicht selba kochn dahoam?" fragt d Hofnerin.

„Kon scha sein, wan ma ka Weib hot“, sogt da Schneida.

„Legad ma holt oans zua“, moant d Hofnerin, do mochts an Schebera (schrillenden Ton). Da Schneida hot va lauta Schrockn s Häferl und d Milchrein zsamdutscht — hots Scherbn gebn.

„Scha wieda Glück“, sogt d Hofnerin. „Wan d Leut nix zsomschlogn tatn, müassadn d Hofna dahumern (verhungern).“ Daweil suachts eahm a neugs Häferl und a neugs Reindl mit aner extrafeinan Glosur aus, und knöpflt mitn einbognan Finga aufs Gschier, ob s nit eppa sumbad (schrillt) und koan Schrick (Sprung) hot. Gibt an Klong as wiar a Glöggerl. „So Maxl, do host wieda wos neugs zan zsomschlogn. — Geh, sei nit narrasch, stecks ein!“

s Geld muaß er wieder einsteckn, mit den er s Hofnagschier zohln will. Sie nimts nit on. A so a rars Leutl! —

Auf so wos kon mar oans denkn, wias ausgeht. Steht an etla Tag an, kimt in an Sunta nochn Hochamt da Schneida Maxl ins Hofnahaus. Sei schworzes Ostatogröckl hot er on und a rotseidani Holsmaschn, und d Stiefel sein heint gor scha s zweitimol gwichst.

D Hofnerin hot grod ihrn Kirchnmontl ohglegt, wiar er ba da Tür eina geht. „Guatn Morgn, Moasterin“, sogt er ernsthoft und dämpfi, „hiaz bin ih do und frog dih, obst mei Frau willst wern?“

D Moasterin is urndlih daschrockn. „Ols z gach gehst as on“, sagts.

„Bin froh, daß s heraußt is“, moant da Schneida, „übalegt hon ih ma s long gmua, und hiaz sei so guat und gib ma gottsaufrichti Ontwort, wiar ih di gfrogt hon."

Sie sogt ka Wort — geht in ihr Schlofzima, mocht die Tür zua.

Da Maxl steht do. Traut sie nit niedasetzn auf an Stuhl, und ban Stehn schaut da Mensch dum aus, bsunders, wan er nit woaß, hot er auf wos zwortn oder kon er scha fuatgehn.

Noch a Weil kimts aussa, d Hofnerin von ihrn Stübel, s Nahkörbel nimts von Tischl und stellts wieda hin, ban Fenstavorhong bandelts um, ma woaß nit, scheint ihr d Sun z wenk in d Stubn oda zviel. In Schneida tuats, as wia wan s n nit sahad, woaß oba recht guat, daß er noh steht auf sein oltn Fleck, nit weit va da Tür. Auf oanmol wia s mit n Füater in Stab ohwischt auf n Fenstabretl, sogts gonz dämpfi: „Heint kon ih nix sogn, heint muaßt schon a so wieda fuatgehn."

Er schauts a Weil on, grüaßt deamüti und geht hoam.

Hiaz woaß er nit, wiar er dron is. Denkt oba ban eahm selber: Is schon a guats Zoachn, daß s nit na gsogt hot. D Weibaleut toan sih gern a wenk ziern; sa hort, daß s oft wortn auf n Mon, wan er kimt, müassns n erst noh a wenk roazn. Ober in drittn Tog is sei Geduld schon aus gwest. Er schreibt ihr a Briefl: er liaß s bittn — sie wissads eh, wos er moant.

D Hofnerin schickt ihrn kloan Buabn: „Mei Muada loßt in Moasta schön grüaßn, und wan er so guat möcht sein, und mir a neugs Gwandl onmessn für n Suma, von Bamwulzeug, und da Moasta möchtn ban Kaufmann selber aussuachn."

Frogt da Schneida: „Host sist ah noh wos auszrichten?"

„Jo, d Muada loßt bittn, d Hosn nit z eng und hintn zan aufkneiffeln."

Wan mas nimt, s is wieda ka schlechts Zoachn, denkt eahm da Maxl.

Auf dos vagehn neuding a por Tog, da siacht da Schneida d Hofnamoasterin übern Gortnzaun. Sie bindt grod a Nagerlstöckl um an Stob, daß s nit umfolt.

Gehts in Weibaleutn besser as wiar an Nagerlstock (Nelkenstock)? denkt da Schneida, schön seins freilih, aber an festn Schutzstob müassns hobn, sist follns um.

„Nau, Moasterin, wos is s?" schreit er übern Zaun, „sein d Nagerla scha zeiti?"

„Glaub nit", sagt sie, daweil bleans oba so glüatrot aufn Stock und lochn übera. Sie hotn koans ohbrockt. Er geht weiter und denkt: Is a schlechts Zoachn gwest, dosmol.

Noch a Wochn schickt da Schneida s neug Gwandl. Guat stehts in kloan Buabn, herzi stets n. Kina tuat er sei Gschäft, da Maxl. — Wons so weit kimt, denkt ihr hiaz d Moasterin, do Hofnerei gib ih auf, verkaffs, richtn uns s Schneidahäusl sauba zsom, hilfn schneidern. Hoaßt dos, wons so weit kimt. Mih zimt, mir war s gleih recht ah.

Daweil siniert in sein Stübel da Schneida: Is s wos, oder is s nix? Do trampelt wieda d Hofnerin ihr kloana Bua daher. Und — sapperameichel, in neugn Gwond!

Da Kloani nimt schön brav sei Hüatl oh, wiah s a sih ghört, wan mar in a fremts Haus kimt; sei guldforbis Haarl is heint wulta fein kampelt, und mit seini bliarotn Wangerla, se steht er do und schaut treuherzi zan Maxl auf und sogt: „Mei Muada loßt frogn — für s neug Gwandl — wos d Schuldikeit wa?"

Bockstar wiar a Zaunsteckn, so steht da Schneida do. Noch und noch bsint er sih: „Büabel", sogt er, „geh hoam, und richt't deina Muada däs aus: Is s wos, so is nix, und is s nix, so is drei Guldn fünfazwoanzg Kreuza."

Da Schworzi

In unsern Wirtshaus is danahst amol d Red gwen von Schworzn. Oba nit eppa von schworzn Kaffee, oder schworzn Burgunder, oder schworzboaßtn Tabak.

„s gibb zwischn Himel und Erdn ah noh ondri Schworzi, va den s ees enk in enka Schulweisheit nix trama loßts!“ sogg da belesni Schuasta zan Schualmoasta.

„Wohr is s!“ redt da Peta Reiterer, da Rachfonkkihrer, drein. „Und do wissad ih a Stückl zan dazähln.“

„Nau, druck lous!“ sogn die ondern.

Hebb da Rachfonkkihrer on:

Jessas na, wan ih af däs denk! Und der ormi Schneida! Da Schneida Hiasl z Leitnboch, der eh a wenk froasbassi (für Fraisen veranlagt) is und in sei Trinkwosser ollamol s Mariazella Beichtzedl einwoakt, wos gegn an Schrockn gut sein sul, und eppa gor ah fürs schlechti Gwissn, wan da Mensch a wenk zviel Tuach stiehlt. Üba den ormen gschrecktn Schneida muaß a sou wos kema! Lochn und rehrn (weinen) möcht ih frei, wan ih dron denk. Oba gschodt hots n nix.

Hiaz, gwen is s a sou. In Foschin-Iata (Fasching-Dienstag), da hon ih a wenk zviel trunkn. D Gsteggnwirt hot an hoaßn Krotzer. Ban Hechbarn hon ih ehanter in Rachfonk ausputzt; wiar ih nochher üba d Hech übera geh, is mar a wenk kolt worn. Hau ma denkt, buxt a por Stamperln owi daß da worm wird. Bin in da Gach a wenk zviel onkeman und wiar ih über s Grusnbarn Leitn owa geh, do hebbs mar on zan schwummerln und wa mar ums Schlofn gwen. Graw is s ah scha worn. Hoam kim ih nit heint, hon ih ma denkt, denk ih ma, gehst zu da Grusnbarin zuwi und holtst as on um a Nochthiaba (Nachtherberge).

Is a guats Leutl, die Grusnbarin, kents as jo eh. Ziacht grod s neubochni Brot aussa von Oufn, endsgroßi Loab, hot mar ah gleih oans ohzschneidn wölln gebn, a Brot. Gelts Goud, sog ih, ka neubochns Brot iß ih nit, ober a Bett zan schlofn, wanst häst. D Händ schloggs üban Koupf zsom: Wia s dan dos ongang, daß s mar a Bett kunt gebn! Is da Schneider in Haus, der braucht s Hondwerchabett; in Stoll wars zu kolt und af da hortn Bonk wurd ih ah nit mögn liegn.

„Is s wou da well, sog ih, hon ih gsogg, oder loß mih eppa gor in Oufn einschliaffn, do wors schen worm diner (drinnen) und schenirad neambb."

„Narasch", sogg die Bäurin, „in Oufn eini willst? Jo wegn meina wul, kolt wird da do dina klewa, wan da nit zu hirt (zu hart) wird?"

„Balei nit", sog ih, „wan ma schlaferi is, is da Ziaglboudn a Fedabett."

„Wohr is s", moant die Bäurin. Ih nit faul und schluif in mei Schlofkomer eini. Schön worm is s. A sou an Baurnoufn kents eh? Zan Brotbochn und zan Korndirrn (Dörren des Kornes für die Mühle) und zan Stubnhoazn. An gonzi Famili hät Plotz diner. Oba vadonkt finster is s. Nau, ih kruich schön weit hinteri, die Bäurin loant d Oufndeckn fürs Louch, und hiaz, Rachfonkkihrer, hiaz schlof dih aus.

Gschlofn hon ih die gonz Nocht wiar a Rotz und wurds es nit glabn, daß ih, da kuhlschworz Rachfonkkihrer in kuhlschworzn, stockfinstern, ruaßign Oufn die längsti Zeit von ana schneeweißn Jungfrau trambb (geträumt) hon und wia s mih selber noh wundert, daß die trambb schneeweiß Jungfrau koan schworzn Fleck kriagg in mein Rachfonkkihrerschädl. — Do hebb mih gach wos on zan stickn, as wia wan ih in an Rachfonk oubn war und in Haus hoazadn s, daß mih da Rach selcht. Ih wir munter, gluat rot um und um und hiaz nim ihs wohr, daß nebn meiner a Hulzstoß brint ...

Weil da Schneider in der Stubn gern worm hot, sa hot die Kuchldirn in ollafrüa in Oufn ghoazt, hot nit gschaut, daß oana dina is, hot Scheider (Scheiter) einglegg und nochzundn und hiaz, Schworza, hiazt host gleih dei Höll. — Rachfonkkihrer, denk ih ma, hon ih ma denkt, schau daß da hiaz gleih a guata Gedonkn einfollt, wiast do aussi kimst — long host nit Zeit. Zan Oufnlouch? Do hät ih durchs Fegfeur müassn, dos geht nit. Du vahöllti Mettn, denk ih ma, dos is a schener Aschlmitta (Aschermittwoch), der Oufn kon s Einaschln (eine katholische Aschermittwoch-Zeremonie, bei welcher der Priester die Stirne der Gläubigen mit Asche einreibt) bessa wia da Pforer in da Kirchn! Daweil stemen sih scha d Händ und Füaß, wiar a Bouck mitn Koupf, a sou steß ih gegn d Wond, und bumsdi is durch die Kachln a Louch aussi in d Stubn. Ih nit faul, na gschwind aussi — do siach ihs, wia da Schneida Hiasl, der ban Tisch huckt, mit an schreckborn Schroach (Schrei) aufspringg und ba da Tür aussi, daß er sih völli dasteßt.

„Schneida!“ schrei ih n noch, „Hiasl! Wos host dan? Ih bins, ih, da Rachfonkkihrer!“ Hot nix meh ghört, damascht (taumelt) übern Houf umi und obi üba d Wiesn, daß s nar olls schlenert.

So long is er glaffn, da Nor, bis er bled (ohnmächtig) wird und zsomfollt. D Leut sein an noch, hobn an globb (gelabt). Wiar er zan eahm selba kimbb, hebb er on zan fiepern mitn gonzn Bidlin (Körper) wiar a Lämpaschwonz, hobb seini Händ vors Gsicht und jamert: „Ih siachn, ih siachn! Gebbs mar an Weichbrun (Weihwasser), meini liabn Leut, ih siachn! — Ih gibs jo zrugg!“ redt er weita wia trobweis (im Delirium), „an iads Fleckl gib ih zrugg, däs ih gstuhln hon, bis afn leßtn Fodn gib ihs zrugg, nur däsmol sul er mih nouh vaschonen um Gouds-Himelswilln!“

Wos er dan moant? wird er gfrogg.

„A sou is s“, redt da Schneider ollaweil noh her nochanonder und hobb d Händ zsom, „a sou is s, wan da Mensch in heilign Aschlmitta nit in die Kirchn geht! Wiar ouft hot ma mei Beichtvoda grotn, ih sult ma s Stehln ohgwöhna. Da Schworzi war ollaweil af da Paß! — Grod hon ih denkt ghobb drauf, do mochts an Pumpera ban Oufn, die grean Kachln springen ausanond, da Rach nebelt außer und — Jessas und Jousef! — a kuhlschworza Schädl! Do is er! Mit ollhier (soviel als: mit aller Wesenheit) is er do — da Schworzi . . . ! o mei Seel, mei ormi Seel . . . !“

Long hots braucht, bis ma n af gleich brocht hobn.

„An Soafd, Bäurin, an Soafd!“ schrei ih und hon mih vo sein Augnan gwoschn, daß ers gsechn hot, wiar aus n Tuifel noch und noch da Peda Reiterer is worn.

Hiaz in Peda Reiterer hot er freilich guat kent, hot sih noch und noch tröst’t. Ober der Schrockn hot holt douh gnutzt und va den Tog on hot da Schneida Hiasl nit a Fleckl meh gstuhln. Ih hon an bekehrt, ih. Und schauts, a sou muaß da Mensch a Tuifel wern, won er a guats Werk will varichtn.

Die Entdeckung von Amerika

Aus dem Platten übertragen

Is amol a Mon gwen, der hot an Oar (Ei) kina stehn lossn. Hot Kolumbas ghoaßn. Sogg za den amol da Kini (König) von Spanien: „Kolumbas“, sogg a, „mechst nit sa guat sein und Amerika entdäickn?“

„Oh jo“, sogg da Kolumbas, „däis kimbb (kommt) ma grod recht. Ih bin jo da Kolumbas.“

„Sa gib ih dar a Schiff“, sogg da Kini, „säitz dih amol drauf und fohr zua.“

Guat is s. Da Kolumbas säitzt sih affi, a por ondri säitzn sih ah zuhi, aft fohrns zua.

Noch a drei Togn kimmb von Schiffschnobl da Steurmon ins Kamerl zan Kolumbas und sogg: „Kolumbas, ih gsiach — ih gsiach nouh nix ka Lond nit.“

„s Oar steht ah nouh nit“, sogg da Kolumbas. „Schiffn ma weita.“

In viertn Tog kimmb er wieda, von Schnobl, da Steurmon, husi rent er ins Kamerl zan Kolumbas: „Du Kolumbas, ih gsiach — nouh ollaweil nix ka Lond nit.“

„s Oar steht ah nouh nit“, sogg da Kolumbas. „Schiffn ma weita.“

A souh gehts nouh fuat a Stuck a zechn Tog. Do kimmb stat da Steurmon daher: „Kolumbas, ih gsiach Lond!“

„Hon ih däs nit ollaweil gsogg“, sogg da Kolumbas, „mein Oar steht ah.“

Wias nochha drauf afs Lond fohrn, do sein afn fäistn Boudn lauta schworzi Mandler (Männlein) umglaffn.

„Guatn Morgn!“ sogg da Kolumbas, „valaub z frogn: Is däis Amerika?“

„Jo freilih“, sogn die Schworzn.

„Und seids äis d Neger?“

„Jo freilih“, sogns, „däis sein ma. Und du bist gwis da Kolumbas?“

„Schtimmbb!“ sogg da Kolumbas.

„Saggra-mentscha!“ schrein die Schworzn, „mir san entdäikt!“

Da pfiffigi Thomerl

„Wo gehst dan du heint so gnedi hin, Thomerl, daß da so schiabst?"

„Zan Advokatn geh ih", sogg da Thomerl.

„Du? Zan Advokatn! Jo, seit won is dan dir um an Advokatn? Du holtst jo nix drauf."

Sogg da Thomerl: „Recht host, ih trau koan Advokatn. Ober imeramol wul doh, mei Liaber! Imeramol is an Advokatndokta doh guat hernehma. Just onschickn muß mar oans kina. Vawegn mein Roßhondl mitn Nochbarn, in Jogl. Woaßt eh davon. Soweit sei ma kema mit den vafluamaschtn Roßhondl, daß ih hiaz an Prozeß muaß onhebn. Will oba ehanta noh mitn Doktan redn."

„Nau, so red holt mit eahm. Loß da Zeit."

A so seins ausonand gongan und da Thomerl kimbb zan Advokatn. Und den dazählt er die Gschicht von Roßhondel mit n Nochbarn; von an Kaibel und a Sau is a wos dabei, a zwiderer Hondel, ma kent sih frei nit aus. Und wiar er in Advokatn olls bröslkloan ausdeut't hot, sogg er: „Nau, so tat ih holt bittn und frogn, Herr Dokta, kunt ih an Prozeß onhebn? Wurd ih n wul gwiß gwinga? Tat ma n da Herr Dokta übernehma?"

„Ohne Frage, alle Stunde übernehme ich ihn", sogg da gscheiti Advokat, „die Sache steht ja gut. Ihr müßt den Prozeß ohne Zweifel gewinnen."

„Ih donk schön, Herr Dokta", moant da Thomerl, „hiaz führ ih n Prozeß nit. Ih vaspielad."

„Aber ich habe Euch doch gerade gesagt, Ihr gewinnt ihn."

„Jo freilih", locht da Thomerl, „mei Nochbar tatn gwingen. Ih hon Eahna die Gschicht a so fürbrocht, wia wan ih da Nochbar Jogl war und er da Thomerl."

Bedonkt sih aft noh fürn guatn Roth, der nix kost't hot, geht schön stad ba da Tür aussi und locht eahm in d Faust. Und der Advokat dupft mitn Finger af sein oagni Stirn: „Jetzt kannst du s wieder einmal sehen, Herr Doktor, wie viel du dir auf deine Gescheitheit einbilden darfst!"

Da gstuhlni Gamsbock

„Won ih von an Wildschützn hör, do zimb mih, ih, ih —“ Weita kimbb er nit, da Forstjaga, d Red vaschloggs n, va lauta Gift und Goll vaschloggs n d Red, wan er von an Wildschützn hört. A Forstjaga, sogg ma, sul grean sein, oba unsa Medardi is gonz gelb üba und üba va lauta Gift und Goll, und wan er sih mitn Toschnveidl in Finga schneidt, so rinnt a gelbs Bluat außa, va lauta Gift und Goll über d Wildschützn. So long, moant da Forstjaga, d Wildschützn nit af da Stell, wo mas zsompockt, aufghenkt wern derfn afn grean Bam, so long wirds nit besser af da Welt, und se mögn mochn wos s wölln.

Oba heint hobns oan. Hot scha long gmua sei Wesn triebn, da Schneggnhäusel-Hiasel; nit zweit moch i s auf, mei Maul, wan ih sog: A sechs Dutzad Stuck Gamswild glonga nit, wos der schon hot gstuhln, und aftn erst d Rech und d Hirschn und d Hauhner! Oba moants, ma hätn amol dawischt, den ohdrahtn Strick! Loßts na Zeit, hon ih ma denkt, da Kruag geht so long zan Brun, bis er bricht! Heint is er brochn, heint hobns n! In olla Frua hobns n mit an Gamsbock einischlupfn sechn ban hintern Stolltürl in sei Keischn (Häuschen). Da Forstjung hot aufpaßt, hot s Schneggnhäusel nit aus n Augnan glossn, bis da Richta do is mitn Stondarna.

Nau endler a mol a glückseliga Tog! Und da

Forstjaga Medardi geht freilih ah mit, af den Tog hot er sih scha long gfreut. Ja mei liaba Schneggnhäusel-Hiasel, heint kimst uns nit aus, um und um stehn d Leut um die Keischn mit Stutzn und Spiaß — der Gamsbock is dei Vaderbn!

Daweil die Stondarn und die Forstjungen olli Löcha bewochn um die Keischn und da Richta vo da Tür steht mit sein Omtsprügel, geht da Forstjager eini in d Stubn. In tumpern Stübl muadaselnalloan sitzt da Schneggnhäusel-Hiasel ban a Heidel (Wiege), tuat heideln und schaut trauri afs kloan Kind, dös in da Heidl schlofft und mit olt Fetznan über und üba zuadeckt is, und extra noh a rots Tüachel übers Gsichtl, daßn d Fenstaliachtn nit blendt ban schloffn.

„Bitt g o r schön, nit so laut!" fleantschlt (flüstert) da Hiasel treuherzi, wia da Forstjaga daherknoubat (poltert), „just hiaz is er a wenk eingschloffn. Die gonz Nocht hot er gschrian va lauta Kulika. Mei Weib is zan Bodan grent, daß um Gutaswilln noh a Hilf wa! Zwen kloa Buabn sein mar eh scha gstorbn in da Kulika."

„Wos gehn mih deini kloan Buabn on!" schnaugazt da Forstjaga, „mein Gamsbock will ih hobn!"

„Wos, an Gamsbock?" frogg da Hiasel, „selm muaß da Herr Forstjaga wul ins Gebirg auffi, da in da Stubn hon ih mein Lebba noh koan Gamsbock umspringa gsechn."

„Schneggnhäusel-Hiasel!" begehrt da Jaga auf, „moch koani Foxn! Gsechn bist worn heint Frua, wiast an totn Gamsbock einagschmugglt hast in dei

Häusel. Die hochi Obrigkeit ist do und du gehst hiaz auf der Stell und zoagst, woust n vasteckt host!"

Da Hiasel schlogg seini Händ übern Mogn zsam, daß s olls boscht und moant gonz vazogg: „Dos ah nouh! Is mein Unglück mitn kloan Buabn nit groß gmua? A Wilddiab sul ih sei! An Gamsbock sul ih vasteckt hobn in meina Keischn! Mei liaba Jaga, in a Nocht, wia die heintigi oani wor, geht ka Voda gamslschiaßn aus!"

„Loß s guat sei, Hiasel, dei Laugna hilft da nix, däsmol bist gliefert."

Da Hiasel tuat nit viel dasgleichn. „Is ah recht", sogg er, „wans meina Red nit glaubbs, suachts aus die Keischn. Hobbs jo e soviel guati Nosan, ees Jaga, schmeckts as, wo er is, da Bock! Wundert mih, daß n nit schmeckts! An Zechnabanganotn (Zehnguldenschein) gib ih enk, wans do in meina Keischn heint an Gamsbock findts."

„Du wirst n suachn helfn. Und won ma bis in a Stund in Bock nit findn, nochher auffi afn Feichtnbam mit dir, und weil mar a so an höllaschn Wildschützn gsetzlweis scha nit ban Hols hänka därf, so toan ma s ba die Füaß, und loßn dih sa long hin- und herwacheln, bis d Worheit aussabeidelt is."

A kloans Randl still is da Hiasel. — „A saudummi Rederei", brumelt er noh, oba scha so still redt er, daß jo da kloa Bua nit munta wird. „Wans di hochi Obrigkeit scha valongg, sa muaß ih wul. Will ihrn holt suachn gehn, in Gamsbock, wans scha nit onderster is. Oba däs sogg ih, d Heidl loß ih daweil nit stehn. Afs ormi Kind muaß wer schaun, sist kunts munta wern und wieder onhebn zan schrein, daß s oan na gleih durch Morch und Boan geht. Bitt gor schön, is dan neamb do zan heidln?"

In Forstjaga sei kieselhorts Herz hot oan oanzigs schwochs Fleckel. Noh ka Johr is vorbei, sid er selber a liabs Kind afn Freidhof hot gschickt. Und wos kon a unschuldigs Kind dafür, daß der Olt a Wilderer is!

„Geh nar außi, olta Lump", sogg da Jaga, „und zoag eahner in Gamsbock, da Kloani wird daweil scha gheidlt wern."

„Bitt gor schön, selm bin ih wul froh", moant da Hiasel, steht schön zach auf und steaglt aussi za da hohn Obrigkeit.

Und daweil setzt sih richti da Jaga afn Stuhl und hebt on stad zan heidln, wiar er sein oagns Kind hot gheidlt, ehs unsa Hergott gnoma hot. In Stübl schaut er umanond, olls laar und bedelorm. Völli worm wirdn in da Brust, grod noh za rechta Zeit, daß n wieda da Gedonkn kimbb: Da Gamsbock und da Wildschütz und — aufhenkn!

A runds Randl seins ausgwen. Da Hiasel hot die hochi Obrigkeit überoll umanond gführt: in die Kuchl, in d Heukomer, afn Bodn, in d Holzschupfn, in an iads Winkl, olls hobns über und üba gschmissn, sogar d Hoberntruchn hobns übadraht, hobn untn afn Bodn wul an olts Hirschgweih gfundn, oba koan Gamsbock. Noch aweil kemens zrugg ins Stübl und da Richta sogg: „An Irrung muaß sein und däsmol wern mar in Hiasel unrecht hobn ton. Do in Schneggnhäusel is koa Gamsbock. Ka Gamsbock und ka Bixn und nix."

„So hot ern vergrobn!“ sogg da Forstjaga.

„Hobn ah in Keller olls visadiert und überoll.“

„So hot ern gfressn!“

„Müad d Haut zfindn sein oder a Krückel.“

„Sa hotn da Teuxl ghult!“ schreit da Jaga und fohrt wild aus ba da Tür.

Die hochi Obrigkeit geht schön ehrwürdi noch und da Hiasel is wieder alloan in sein Stübl.

Und wiar er alloan is, riegelt er die Tür zua, geht za da Heidl und schmeißt die oltn Fetzn ausanond, daß s kloa Kindl dena wul nit eppa dastickt.

Won er hiaz hät ban Fensterl einagschaut, da Forstjaga! Wos wurd er sih dawundert hobn über däs Büabl in der Heidl! Va lauta Kulika sein an kloan Kerl über und üba d Hor gewoxn, und viar Füaßler und zwoa Gamshörndler afn Kopf.

Da Hoderlump

„He, Freunderl, aufgschaut!"

Nau jo, freilih muaß er n onschrein, da Stondar in Hondwerchsburschn, af da Stroßn. Da Hondwerchsbursch hät in Stondarn gwiß nit ongschrian, der hot na gleih a sou wölln vabeiwuschn. Hiaz bleibb er stehn und schaut auf und in Londjaga schrecklih dum ins Gsicht! Wia düma, daß a sou a Hondwerchsbursch ausschaut, wia liaba loßtn da Stondarn laffn.

Muaß oba dou nit zfriedn gwen sein mitn dumen Gsicht alloan — nochn Wondabuach frogg er.

„s Wondabuach? Wos für a Wondabuach?" drauf da Bursch. „A ja sou, s Büachl. Gleih wern ma s hobn, ih bitt, do hobn mas scha. Oha, däs is s Stuck Brot, wos ma die Griabelschuasterin gschenkt hot. Se, dos is a saubers Weibmendsch, die Griabelschuasterin, schon a mudlsauberi Gredl!"

„s Wanderbuch!"

„Oba jo, Herr Stondar!" sogg da Bursch und suacht und suacht in sein Fetznan um. „Däs wern ma gleih hobn. A Gsichtl hot Eahna de! Wan Se sih in däs mit an Aug vahagln! — In einwendign Säckl wirds sein. Wan oana so viel Säckl hot, do dada. Sou, do is s jo gleih — oha! Däs is Betbüachl."

„Her damit!" da Stondar. „Däs a Betbüachl?"

A Spielkortnbischl hot er gonz unvergebns fira

zogn, da Bursch. „Und wia de Schuasterin s Brefranzn kon! Und s Brandln! Und s Mariaschn!“

„Das Wanderbuch will ich sehn!“

„Sa muaß s in Leiblsock sei, däs naraschi Büachl!“ sogg er und greift eini, sou tiaf eini, daß d Hond untnauf aussaschaut. A lonks Gsicht mocht da Bursch, an Pfeiffa mocht er: „Ah, däs is hiaz guat. Da Leiblsock hot a Loch!“

Da Stondar mocht nit viel Gschichtn, pockt n zsom.

„Ih bitt, nit schliaßn“, moant da Hondwerchsbursch treuherzi, „daß ih d Händ in d Housensäck kon steckn, as is damasch kolt!“

Nau jo, freilih is s kolt, weils mittn in Winta is. Und da Stondar denkt eahm, worum sul er seini Brotzn nit in die Toschn steckn, sein eh scha kruisrot. Und treibbn vor seiner her. Guat is er treibn, da Bursch, trapplt wiar a Kalbl voraus, däs da Fleischhocker in die Bank führt. Da Bursch gfreit sih holt schon af die wormi Stubn, denkt eahm da Stondar, und ih kunt ma hiaz oani onsteckn. — Nau freilih gfreit er si schon af die finster Keichn, und daweil eahm da Stondar an Ärarischi onzündt — buxti, hostn nit gsechn, da Hondwerchsbursch af d Seitn, durch die Staudn durchi und wiar a Radl über d Wiesn owi.

A sou a Stondar is ah ka guata Stootsbürga, sist kuntn a Hoderlump nit liaba sein as wiar an Ärarischi. Mitn af die Stroßn schmeißt ers hin und lafft in Burschn noch. „Halt!“ schreit er. Däs is erst s ersti! denkt eahm der ondri und rutscht owi übern Roan.

„Halt!“ schreit da Stondar. Ban zweitn schnolzts ah nouh nit, denkt eahm da Bursch und eini ins Wossa.

Jo freilih eini ins Wossa. Grod do mocht d Feistritz an broatn tiafn Dumpf, und da Stondar is da Moanung, wan oana ins Wossa gang, so brauchad er ka Feur, und schupft sei Zündröhrl wieder über d Oxl zrugg. Daweil dasiacht ers ober ah scha, wia da Bursch übern broatn Wossadumpf übri tonzt, flingg as wia da besti Schlittschuachlaffa — natirla, wons Wossa hort wird, sa kon mas zan an Tonzbodn brauchn und wan da Hoderlump übers Eis geht, sa kons da Stondar ah, — und rent eahm noch, daß s olls gaustert.

Da Hondwerchsbursch va da Wiedenstaudn her hot kimbb ibri, da Stondar hat a schwari Verontwortung, der bricht durch. Mitn afn Eis bricht er ein und grod, daß er sih nouh mitn Elbogn daspreizt afn Eisschial. An schiachn Schroach tuat er, und wan er durchbricht, do schreit sogar a Stondar um Hilf. Daweil will er sih aussamarzn, oba wia mehra daß er marzt, um sa tiafa kimbb er eini.

Da Hondwerchsbursch va da Wiednstaudn her hot „Halt!“ gschrian, spoutweis hot ers gschrian und hotn zerst a Weil zuagschaut. Wiar er oba kent, as gang gfahlt mit da Pulizei, springg er wieda zrugg, mittn afs Eis eini.

„Herr Justizrat! Herr Justizrat!“ schreit er und recktn sei Hond entgegn. „Wia mochn mas hiaz? Los ih Eahna drin, sa bleib ih heraußt, und bring ih Eahna außa, sa bringen Se mih eini.“

Da Stondar schwepert scha mit n Zähnten va lauta

Kältn, do mocht da Hoderlump an festn Ruck und heraußn is er.

„Hiaz na gschwind in d Stubn und a wormi Suppn!" moant da Bursch und will ohforn, da Stondar holt'tn ban Orm.

„Freund", sogg er, „jetzt müassns erst recht mit mir. Fünfundzwanzig kriagns."

„Auslossns!"

„Fünfundzwanzig Gulden kriagns. Lebensrettungsprämie."

„Ih donk schön."

„So ein braven Mann muß man ochten!"

„Jo, destwegn, Ees kunts mih z guat aufhebn — daß ih Enk nit gstuhln wurd. Die bravn Maner wern gern gstuhln. Na, na, do is s mar a sou liaba."

„Kane Dummheitn! Se san mein Lebensretter, ich bin Ihnen donkbor."

„Ih bitt, nochha schenkns ma wos af a Glasl Schnops!"

„Sa gehn ma wenigstens amol da von Eis weg!"

„Oba wans nit auslossn, Herr Justizrat!" drauf da Bursch. „Se wölln links und ih will rechts, mir zween passn nit zsom. s is in gscheidast, mir gehn gleih ausanond."

„Aber ich hob die strenge Pflicht!" hebb da Stondar on zan zuaredn — do mochts an Schnolzer übers Eis hin, a longmächtiga Schrick (Sprung), die Plottn gibb noch — do loßt da Stondar in Orm aus und ton hobns, wias in Gscheidastn is: der oani is links und der onder is rechts davon. —

Und asou sein s guat ausanonda kema.

Die Gschicht von Spitzbuabn

Vawegn wos s hergongen is, dös kunt ih nit sogn! Aba auszohlt muaß as sih hobn, umsunst wird der Krautwoscher Urberl nit fuchti.

Er is a guata Lopp, meh sog ih nit. Do is er amol, leicht vawegn an Robat-Tochwerch, oda vawegn an Stiftbüachel, oda vawegn an Hoamatschein, oder vawegn wos ondern — se woaß ih wieda nit — ban Abelsberga Stodtrichta vorgruaffn worn. Sein Suntagwandl hot er onglegt und schön deamüati woach steigt er eini in d Omtsstubn — wan oana mit n Omtsrichta z ztoan hot, schön deamüati woach is s ollabesti. Bitweis is er dron, der orm Urberl, däs rot ih und ih moan, ih wir nit weit gfahlt gehn. Is nit länger as zehn Votrunsa long drina gwest und wia kimt er zruck aussa! Gonz wini und wild, mit boad Händen holt't er in Kopf und d Augn kugln umer, as wia wan er d Froas (die Fraisen) hät.

Sei Nochbar steht vor da Tür, der frogt n: „Jo, Krautwoscher Urberl. Du Holbpelza du! Wos host dan, wos is da dan gschechn?"

„Nix nit!" schreit der Urberl, „noh nix nit! As kimt erst! Nit z len (weich) kimts, mei du, ih hon an — in Zorn, woaßt, in Gachzorn! — ih hon an Herrn Stodtrichta wos ghoassn."

„Hot er dih harb gmocht? Urberl, däs war gfahlt.

Wirst n doh in dein Zorn nit gor an Grobian hobn ghoassn?"

„Noch viel was Irgners!"

„An Leutschinda?"

„Noh viel wos Irgners, mei Mensch!"

„Noh viel wos Irgners?" sogt da Nochbar, „Krautwoscher Urberl, nocha bist hin!"

„Moanst wul ah? Jo, um Goutswilln, mei Nochbar, wos sul ih dan onhebn?"

„In bestn Rot, den ih da gebn kon: Nim d Füaß üba d Ochsl und lauf. Na lifti! Hörst n nit scha pumpern üba d Stiagn ober, in Grichtsdeana? Davon lauf, so weit, daß dih der Erdbodn trogt, und vasteck dih in a Fuchsloch. In a por a drei Togn, wan sei Zorn vadompft is, konst dih dahoam wieder aufzoagn."

Da Krautwoscher Urberl rent furt, as wia wan an oana va da Bixn hät losgschossn. Da dicki Grichtsdeana burt af da Gossn umanond, fuchtlt mit n Sabel: „Corpo di bacco! Wir da scha lernen, in gstrengen Herrn Richter an Spitzbuabn zu hoassn."

Daweil schleicht da Krautwoscher Urberl scha draußn in Wold um. Er is kloan vazogt. Eh an orma Teufel, der nix hot as wia s Gwond af n Bidlin (Leib) und sein ehrlichn Nom, der ban Wirt af da Tür steht. Die Keischn vahaust und s Ackerl verschuldt. Und vasprengt wiar a Zigeuner, der a Speckschwortn gstuhln hot. — Is wul a Sochn a traurigs, mit an bluatormen Leut ... A so hot er gsimuliert ban eahm selber, af d Leßt is er z rehrn keman ah noh.

— Wan ma da Teufel heunt begegnad, denkt er eahm in sein einwendin Elend, s miad viel sein, wan ih eahm mein ormi Seel nit afn Bugl wirf, um an Bingl vul Tola, daß ih mei Glück wo ondascht kunt suachn.

Steht af oanmol oana nebn seina. Is richti a Teufel, ober an orma, und muaß ma sih frei fürchtn, daß er oan nit stork onbetlt um an Geldbeutl. Bortad und zrafft, zodad und zrissn um und um, so steht da fremd Mon nebn seiner und grüaßt n.

Af an Gruaß muaß ma donkn, vasteht sih, und drauf gibt oan Wort s ondri.

Af oanmol, wia da Fremdi in Urberl so onschaut über und über, und wohrnimmt, wos sei neuga Bekonta für a Gottung is, do sogt er: „Gelt, Komerod, a Frog is frei?"

„Jo, freilih", moant der Urberl, „a Frog is scha frei."

„Host as gwiß von Grofn kriagt, dei schöns Gwond, däs d on host?"

„Ih? Mei Gwond? Von an Grofn? Va wos für an Grofn?"

„Nau, von Stohlburga Grofn dot ent in Gschloß, däs selm üban Wold übra schaut. Mih zimt, Komerod, du woaßt nix davon, wos da Grof neuzeit für a Gwohnheit hot!"

„Mog scha sein", sogt der Urberl, „selti Leut hobn ollahond Gwonheitn, und olli Augnblick a neugi. Oamol reit't er af an Roß und aft wieder af an naraschn Gstell, däs zwoa Radla hot, oans hint und oans vorn. Oamol geht er mit da Bixn aus, nochha wieda mit a Hundsbeitschn. Oamol hat er Glosaugn auf boad Seitn üba d Nosn, an ondasmol wieda ban an

Aug alloan. Oamol trogt er a zsomdetschti Haubn af n Kopf, nochha wieda a kuhlschworzi Buttn, a hochi. Gach, wans schön manschaliacht is ba da Nocht, steht er ban onglweit offnan Fenster und spielt die Geign; is s Wetta schlecht, sa huckt er mit n Förster in da Stubn und spielt Kortn. Heint meintswegn stopft er sei Gschloß mit fürnehmi Herrschoftn vul und in Hof mit Rösser und Hund, daß oan schwabli kunt wern, morgn laßt ers wieda gonz lar stehn; heunt gibt er Tofeln, daß sie nah gleih da Tisch buigt, morgn ißt er obn af der Olm ba da Senerin an Oarspeis."

„Woaß ma, woaß ma!" sogt da zodadi Mon. „Is holt a reicha Herr, da Herr Grof. Is ah af die Ormen ollaweil christlih gwen —."

„Se war eh wohr", moant da Krautwoscher Urberl, „se derfad mar eh nit schimpfn."

„Und sid er die groß Irbschoft hot gmocht —"

„Wer, da Grof?"

„A stoanreicha Vetter is n gstorbn", dazählt da zrissni Mon, „sida gehn Tog und Nocht d Wogn, daß er s Guld und Silba unta Doch bringt."

„Daß d still bist!" pfnecht der Urberl va lauta Schrockn und Freudn über a sölchti Neuigkeit. „Ei Nor! Tog und Nocht sogst! D Wagn moanst! Mit Guld und Silba! — Oan Fuhrl, wan er ma gabad!"

„s leti Geld gibt er nit. Mitn Geld, sogt er, wissad der orm Mensch nit umzgehn. Oba z essn, wer kimt, und a Gwond! und däs — wanst mih ausredn loßt — is jo die neug Gwohnheit von Grofn, daß er an iadn Ormen, der sih bitweis onmeldt, a saubers, noglneugs Gwandl schenkt. Von Stiefl bis zan Hüadl, sog ih da!

Sida drei Togn gsiachst nix, wonst ba da Gschloßtür stehst, als wia lauta zodadi Leut eini- und lauter sauba zsomgstiefelti außagehn. Sa hon ih ma denkt, du häst gleichwul dei Gwond ah von eahm kriagt."

„Schau, schau!" moant der Urberl, „jo, glabn tur ih s gleih ah, wan da Mensch sa viel irbt, daß er in Ormen wos zuakema loßt. — Oba Vetta", sogt er zan zodadn Mon, „daß du selba nit ins Gschloß gehst! Mih zimt, dir tat a neugs Gwandl nöta wia mir!"

„Recht host eh, Komerod", sogt da Zodadi, „mei Röckl loßt scho gor a wenk zviel frischi Luft durch; Leibl hon ih gor koans on, va da Pfoad, wiast siagst, is ah neahma viel do, und Hosn — va der wölln ma gor nit redn. — Do wa da Grof freilih wul schön z brauchn, ober as is holt a so a Sochn, mei Mensch: da Grof und ih, mir stengan in Vadruß mitanond und ih will nix mit eahm z toan hobn! Wia s schon oft hergeht: ban Kortnspieln hobn ma uns z kotzt ollzwen. Selm bin ih — se derfst da denkn — mit mein Gwandl noh onderscht banond gwest wia heint. In Grofn sei Bixnspona, wanst mih kenst! Daß ih sog, s sewi Kortngspiel is mein Unglück gwest. I vaspiel und wir hitzi, hon an wos ghoassn — und er hot mih vajeikt."

Hiaz erst schaut da Krautwoscher Urberl in Zodadn brüaderlih on.

„Ih hon in Richta wos ghoaßn und du in Herrn Grofn!" schreit er auf. „Scha vafluxti Kampel sein mar ollzwen! Na, mih gfreuts, daß ma zsomkema sein!"

„Mih gfreuts ah", sogt da Zodadi, „und wanst an guatn Rot va mir onnimst: Ih, wan ih du bin, ih geh zan Grofn und hul ma mei Gwond. Wirst as scha zbrauchn hobn. Dos do wird ah nit ewi holtn."

„Holt jo, daß ih s zbrauchn hät mit da Zeit", sogt der Urberl, „und s gilt schon, ih geh!"

„Mit d e n Gwond willst du gehn?" frogt da Zodadi schelch. „Mit an neugn Gwond willst du a neugs Gwond gehn betln? — Freunderl, do leich ih da meins. Däs is a Gwandl zan Betln!"

„Jo, wanst sa guat bist", sogt der Urberl donkbor, „oba — konst doh daweil nit dostehn in da nockadn Pfoad!"

„Wegn wos dan nit?" frogt da Zodadi, „gleih do is an Edlstaudnschopf, do schliaf ih eini. D Sun scheint worm, und long bist a so nit aus. Dei Gwond — ziach s nar aus gschwind — loßt do daweil, ih nims mit in d Staudn und gib ochting, daß s da nit gstuhln wird."

Sie schaun um und um, daß neamt kimt — und daweil seins scha gstellt. Da Krautwoscher Urberl hot s zodadi Gwond on, hot oba wos braucht, bis seini Füaß eini in d Hosn s rechti Loch gfunden hobn. Af d leßt follts n noh ein, sei Geldtaschl miad er aus sein oagnen Jangga noh mitnehma.

„Du, Freunderl", sogt der in da Edlstaudn, „du mogst gonz a brava Mensch sein — oba s Betln, däs vastehst nit! Aufn Betlstob bracht dih dei Betln, wiast du s ongehst! — s Geld mitnehma, das s as findn in Gwond, wonst as ausziachst! Wer a Geld hot, wurds hoaßn, der kon eahm scha selber oans kaffn. Und du konst mit Schond und Spot ohfohrn. s Geld loß ba dein Gwond do, ih schau, daß s nit gstuhln wird."

A so gehn sa vanonder und der Krautwoscher Urberl, der gfreut sih, daß mar überoll gleih guati Leut findt, und zrissn und zodad hatscht er in Gschloß zua. Er schomt sih untawegn, wan er sih onschaut, hell vor eahm selba. Zan Glück, daß n ka Bekonta begegnt! Und wiar er ba der oltn Torsäuln vabeigeht, de n von Kirchweg her long scha bekont is, da kimts n schier für, er sult ihr s sogn: Du Torsäuln, däs Gwand ghört nit mei. Wort na, bis ih zruckgeh!! — Jessas Maron, zwen Stondarn gehn daher. Se schaun an nit on, in zrissnan Vagabundn, heunt suachn s an ondern, mit an guatn Gwond, gnau wia s in Steckbriaf beschriebn is.

Da Krautwoscher Urberl — ih will nit long umzarn, ih sog enks, wia s wohr is — der Urberl schleicht ins Gschloß, bitt ums neug Gwond.

„Um wos für a Gwond?"

„Von Gnodn Herrn Grofn, däs er vaschenkt — hon ih ghört."

„Strabanza, vafluachta!" schreit da Vawolter, und der Urberl wird ausgjogt, daß er hell mit n Laffn nit dagfulgn kon.

Oba wiar er alloan is und auspfnecht und neama ka Gfohr is, do sogt er und moant in Komerodn: „Na, wort, wan ih zu dir kim! Das d mih für an Norn holtst! Ih wia da mei Moanung sogn und du sulst af mih denkn!"

Er kimt af n Plotz und schreit scha va Weitn der Edlstaudn zua: „Freunderl, hiaz gfreu dih!"

s Freunderl is still. Er schleicht schön stad zuwi und guckt und gamt und späht und suacht. —

s Freunderl is neamameh do! —

Da Krautwoscher Urberl, hiaz wos stellt er on! Er woaß eahm nit z helfn. A Baur geht daher, den dazählt er die Gschicht und frogt, wo er dan sein kunt, da guati Komerod mit sein Gwond?

„Durchgongan is er, du Dodl!" schreit da Baur.

„Na, na", sogt da Urberl, „in d nockadn Pfoad wird er durchgehn!"

„Er hot jo dei Gwond!"

„Däs is in an Binggl zsombundn gwen."

„O du!" sogt da Baur und tupft mit n Finger afs Hirn.

Da Krautwoscher Urberl denkt noch, in Finga legt er af d Nosn und long denkt er noch. — „Da Lump!" spintasiert er, — „na, na, as is nit zan glabn, wia kunt oan däs einfolln! Oba — wan er scha richti sa durchtriebn wa gwen! — mei Gwond, daß er s hät onglegt!"

„Wird schier sa durchtriebn sein gwen", sogt da Baur.

„Wos heb ih hiaz on?" moant der Urberl und reißt ba sein Fetznan. „In den höllaschn Zoderwerch kon ih jo nit unta d Leut gehn!"

„Sa gehst zan Gricht", sogt da Baur.

A horti Soch däs für n Urberl, heint nohamol zan Gricht gehn! — „Hort oda nit, as muaß amol sein. Na wort, Rauba, hiaz wirst vaklogt! Ih tuas, und auf ehrlih und heili Gott wohr, ih vaklog dih!"

Noh ehs er ins Stadtl kimt, führt da Stondar in saubern Komerodn scha zruck. Außa von Stadtl, va da Grichtsbonk zruck — da Schilling is scha vabei gwen, höllasch hobn s zuagschlogn und da Richta hot gschrian owa von Fenster: „Ih gib da kan Spitzbuabn oh, mirk da s!“ Und hot die Zuaschloga noh ollaweil onzundn mehr.

Wia s fiati sein gwen und daß n ledigschnollnt hobn, do frogt er, da Sträfling, frogt schön zah und schön dasi, ob er s hiaz ausziachn müassad, s Gwond?

„So“, sogt da Richtknecht, „is da däs zwenk gwen?“

Hobn sih anonda nit vastondn. s Staberl war saggerisch gsolzn, a holt jo, ober in Vagabundn hot s gwunert, daß dosmol von Zruckgebn ka Red is. Der ersti Foll, der a so ausgeht.

Erst wiar s untawegn zan Urberl sein kema — do hot da Sock s Loch kriagt. Fürn Krautwoscher Urberl hobn s n ongschaut, in Vagabundn, und hobn eahm mit fünfazwoanzg in „Spitzbuabn“ zohlt. Und hot s as sih gwiesn hiaz wieda amol sunklor, wia grecht daß in Herrgott sei Welt is: Weil der Ehrlichi in Ehrlichn an Spitzbuabn hot ghoaßn, derawegn hot da Spitzbua seini Schläg kriagt.

In Bruggnwirt sei leßta Willn

Nah, daß ih hiaz von Bruggnwirt dazähl! Is wulta heruntakema gwesn, da Bruggnwirt, nit eppa daß ih moan, weil er zerscht obn auf der Hirschau sei Haus ghobt hat und aft nochha zan Bruggnwirtshaus owagstiegn is. Ih moan na, weil s Hirschauer-Haus vul Reichtum is gwesn, s Bruggnwirtshaus herentgegn holb in Wosser und gonz in Schuldn is gsteckt.

s Wosser tuats freili nit! däs hot scha da Martin Lutha gsogt, und grod a so hot ers gsogt. Und ih sog: da Wein tuats ah nit! und grod a sog ih. Hot douh gwiß viel Wein trunkn, da Bruggnwirt, und ba den hots nit ghoaßn: In Wein liegt d Wohrheit; ba den hots ghoaßn: In Wein liegt d Ormuat!

Heruntakema! Bluatorm! Über und über vul Schuldn! Saufaus! So grüaßn an d Leut. Hiaz möcht ih douh wissn, wia der Mon was schuldi wern kunt! Borgt n ja ka Mensch nix, sid er in schön Hirschnhof vakafft und s Bruggnwirtshaus in Pocht gnoma hot! Ma kon nit sogn, daß er ka Geld nit ghobt hät, dos woaß ma nit; oba Kredit hot er koan ghobt, däs woas ma.

Sei Nochbar, da Kaufmon, hot gor kan onders Vamögn, as wiar in Kredit, oba däs Vamögn trogt guati Zinsn; da Mon betreibt sei großes Gschäft, lebt guat, hot Onsechn, mocht Lustroasn, kafft sogar olli Johr a por Ölgemälda, de leicht wul mitn ollafeinstn

Tofelöl eingmocht worn sein. — Grod a sou kunts da Bruggnwirt ah hobn, woaß er doh, daß er um koan Kreuza wenka Vamögn hot, as wia sei Nochbar, da Kaufmon.

Und denanouh an orma Mon, a Betlmon! däs nimt sih der orm Bruggnwirt sou z Herzn, daß er af oanmol in a schwari Kronkheit follt.

Sein Douktan, den hot er s vatraut: „Mei liaba Herr Doukta, nix tur ih sar ungern, als wia sterbn!"

„Geh, Bruggnwirt", sogt da Doukta, „sorg dih du nit ums Sterbn, ih wia mei Schuldikeit scha varichtn." Ober a Nochbar steht ban Bett, der frogt on, won er zu sein Pocht kam.

„Ah, du bist es?" sogt da Bruggnwirt, „na gfreut mih, daß d mih hoamsuchst! Wiar ih holt sog: wan ma wen was schuldi is, so hot mar afn Todnbett a nouh an guatn Freund. Los na Zeit, Nochbar, ih hon af enk oll denkt — af enk oll. — Wan ih na nit olls — oba gar olls — bis af d leßt Stund vaschoubn hät. — Is er dan nit do?"

„Wer?" frogn die Umstehenden.

„Ah, da Notar. In Notarn will i hobn. Und daß er sein Schreibzeug mitbringt."

Do denkn s eahna s gleih: s Testament! — Na, däs wird sih auszohln! Da Notar — as wia wan er scha long af da Paß wa gwen — loßt nit long wortn. A por Zeugn sein a gleih banond, und oll seins wisseri, wos dan der für a sauberi Valossnschoft wurd hobn. „Seini Schuldn vamocht er uns!" sogt oana.

„Den sei Gurgl möcht ih hobn, s best Stückl von gonzn Mon" sogt an ondera.

Daweil fongt da Bruggnwirt schon on: „Gscheida wars gwen, wan ihs verkafft hät, die Liegnschoftn und Güata va mei vasturbnan Weib. Is eh nit bessa worn — unta fremdn Händn — mei Wirtschoft. Olli Johr amol hinroasn — s is wulta weit; und daweil do a Wirtshaus in Pocht, geht viel af d Schadn dabei. Sa hon ihs vakafft. — Wos wird dan ah viel ausgfolln sein! ... Na, in Gouttsnom! Wos do is, das will ih redla verwendn. Kinda sein koa. Sein um und um koa do. — Sou. Tuas der Herr a wenk aufschreibn!"

Schon bereit. Wous a Testament ohgibt, do loßt s Gricht die lonk Bonk in Winkl stehn, do sein d Federn dazua ollaweil gspitzt und eintunkt.

„D Neudorfa do drentn", hebt da kronki Bruggnwirt on, „de hobn hiaz drei Kirchnglockn! sa wölln mir Abelsberga vieri hobn. Die Viert sul ongschofft wern. Nochha — däs ah aufschreibn: Ban hintern Oltor — da heilign Magdalena tuat a frischer Onstrich not, hot leßt Zeit her scha sou viel ohgfiabt. — s Schulhaus braucht a neugs Doch. s Ormaleuthaus, däs — hobbs gschriebn? ban Ormaleuthaus sein ma — däs will ih, daß s tausnd Guldn sul kriagn. Und extra nouh a Stiftung — ah wieda mit tausnd Guldn für ormi Woasnkinder aufschreibn. — Nix donkn, Leut, nix donkn! Wer s hot, der kons so gebn, kons um sa leichta tuan, wan er eh furt muaß va dera Welt, und daß er sih in Himel kon kaffn. — Aufgschriebn is s? — Nochha — wars so weit richti. Und — wan s mih — af die Bonk glegt hobts — tuats suachn in Bettstroh ... !"

Weita hot er nit mögn redn — is n da Motschachel (Erschöpfung) übakema.

Und durchs Stadtl: sechts n Schneida springa? Der rent va Haus zu Haus und schreits aus: „Da Bruggnwirt! Wer hät sih däs denkt va den Mon! Viertausnd Guldn hot er zu wuhltätign Zweckn vamocht. Leut! ih sog enks: ba den seiner Leich muaß wos toan wern! Da großi Kondukt mit Musik! Und läutn! a Stund läutn! Wan man na die vierti Glockn scha hätn! — oba wölln jo nix auslossn, so geizigi Leut, eh s ausgstreckt liegn afn Bret!"

„Jo, da Schneida hot recht!" sogt on ondrer. „Ba den seina Leich muaß wos ton wern. Ih sogs ah. A Musi, Windliachter, a Flor! Weibaleut! Gschwind an großn Kronz flechtn für die Totntruchn. Schulmoasta! Wou steckst dan, Schulmoasta! Nix mitn Schnepfnfonga, heint! Na gschwind a Grobschrift dichtn! Fürn wuhltätign Bruggnwirt a vurnehmi Grobschrift!"

Is nit dum, der Obelsberga Schualmoasta, glei hot ers banond:

Dem großen Wohltäter der Gemein
Herrn Hans Michel Scherger
Widmen diesen Stein
Die dankbaren Abelsberger!

„Wan er na stirbt!" sogt da Kreuz-Schuasta bedenklih. Do hört ma scha s Leutn afn Kirchturn.

„Verschieden!" brumelt da Schneider und ziacht sei Haubn von Kopf.

„Oha!" schreit da Holtabua, „d Suppnglockn is s. Zan Essn läutns."

Und da Bruggnwirt hot za da sewin Stund nou glebt, hot in sewin Obnd nou glebt. In da Nocht drauf hot die Kreuzschuasterin ihr Haustür offn glossn, sie is d Leichonlegerin. Oba sie is in da sewin Nocht nit ghult worn. Da Doukter is die gonz Nocht ban Kronkn gwesn — gschechn is olls, owa früa Morgns: wia gehts in Bruggnwirt? — „Donk da Frog, a wenk bessa."

Und Togs drauf: „Wia gehts in Bruggnwirt?" — „Oh, recht possabl, possabl!"

Und in vierzehn Togn drauf is er gsund.

Hiaz häts es suln sechn, wos d Leut hobn triebn! Die Tür hobn s oanonder in d Hond gebn, daß s in Bruggnwirt zu sein neugn Gsund Glück und Segn wünschen. Den und den war holt sou viel hort gwesn, daß da Bruggnwirt sa kronk; der und der hät gor a Meß zohlt, daß da Bruggnwirt douh wieda sul gsund wern — weil mas holt nit übalebn möcht, wan da best Mensch va da gonzn Gmoan afn Freidhof wurd trogn!

„Jäi!" moant da Bruggnwirt, „dös hon ih jo gor nit gwißt, daß mih d Abelsberga sa gern hobn. Na, s gfreut mih, s gfreut mih!"

Ober er wos brauchad? frogns, ob s mit wos deanen kuntn! Guat Soch hobn s n zuatrogn. Sei Wirtshaus is wieda vul Leut gwen — na jo, ban bravn Bruggnwirt valumpt sei Geld a iada gern. Ba da nachst Wohl is er Gemeindevorstand worn. Sei Gschäft geht ollaweil besser und — er zohlt hoamlih seine Schuldn weck. D Leut hobn s Geld nit amol wölln onehma — s wa jo ninascht so guat aufghebt, als wia ban Bruggnwirt.

Oft und oft spirt sih da Bruggnwirt in sei Stübel ein und lest sei Testament, und ban eahm selba: — Na jo, s is jo recht! Wan d Abelsberger a vierti Kirchnglockn hobn wölln, so sul oani ongschofft wern. Und däs is ah wohr, da Mogdalena tuat an Onstrich not, schaut schon überoll s nockad Hulz aussa. s Schulhaus braucht a neugs Doch; no, is s nit richti? Und wer sahats nit gern und möcht s nit wünschen, daß s Ormaleuthaus tausnd Guldn kriagad? Und ah die ormen Woasnkinda. Wer s hot, der kons gebn. Is so gonz christlih, mei leßta Willn. — Suachn mögn s, wan ih af da Bonk lieg — suachn in Bettstroh . . . gfundn hättn s freilih nix.

Da Regnschirm

Da Sama Hiasl hot an Weg über d Olm. Wiar er aussi geht ba da Tür va seiner Hüttn, steht er afn Stiagerl a weil still und schaut um und um. Gugg ins Gebirg eini, gugg af die Bam hin, gugg in d Sun, beidelt in Koupf, draht sih um, draht sih nouhamol um und gugg wieder in d Sun.

„Du, Olti", sogg er za sein Weib, däs ba da Tür steht, „wos moanst dan, kunt ih nit an Regnschirm mitnehma?"

„Wiast willst, Hiasl", moant sie.

„Mih deucht, as wird nit ausholtn, heint. Sou viel demi (schwül). Und die Fluign! Ward hasn nit schlecht sei, wan ih n mit nim."

„Host recht, nim an mit."

„Oba Teuxl, da Steckn war ma zan Gehn kamouta. Wans eppa douh schön bleibb, is da Regnschirm ungschickt, vagißt ah leicht drauf und loßtn wou loan. Daß s douh nit eppa gscheida war, ih nahm in Steckn und loßad in Schirm do."

„Sa lossn do", sogg sie.

„Oba wons regngg! Afn gonz Weg üba d Olm ka Doch, ih wurd waschlnoß. Für a Fürsorg kunt ih n lacht douh mitnehmen, in Schirm!"

„Nau, nim an mit."

Da Hiasl draht sih wieder amol um und um und schaut.